もう凹まない
傷つかない

自浄力

こころが輝く

日下 由紀恵

永岡書店

はじめに

魂からの直感を受け取っていますか？

仕事をしていても思うような評価を得られない、周りの人と調子を合わせることができない、親とも彼氏ともうまくいっていない、結婚できず気持ちばかり焦る、生きることって大変……。

そんなふうに思っていませんか？

私も以前は、人生とはなんてつらく苦しいものかと思っていた一人でした。しかし、突然目の前に現れた神様との会話を通して、それらネガティブな感情は、すべて自分が引き起こしているということを知りました。

じつは私たちは頭で思っていることとは別に、「本当の自分」という存在と一緒に生きています。本当の自分とは、つまり魂のこと。魂からの直感を信じることが思いどおりの人生を生きることにつながるのですが、心がいらぬものでで満たされていると、魂の声が聞こえなくなってしまい、間違った方向に進むことになってしまうのです。こうして、ネガティブな感情がどんどんたまり、心のガラクタとなって私たちをむしばんでしまいます。

でも、安心してください！

神様は心のガラクタを捨てる、手放す方法を教えてくださいました。それが、**「自浄力」という力。つまり、自分自身で心のガラクタを清める方法**です。

ガラクタだらけの部屋では欲しいものをすぐ見つけることはできませんが、整理整頓された部屋では望むものをすぐ取り出せるように、自浄力を身につけることで、魂が望むものがはっきりと理解できるようになるのです！

私も、神様にこの方法を教えていただき、たくさんのクライアントたちに自浄力を高める生き方をお伝えしてまいりました。すると、みな一様に、これまで悩んできたことが心のガラクタであったことに気づき、本当に欲しいものを手にできるようになったのです。

「お金がどんどん入ってきた」「理想の相手に出会えた」「転職できた」「進む道がわかった」「家族の仲がよくなった」など、あげればきりがありません。

そんな素敵な自浄力を、ぜひ、みなさんに知っていただき、今抱えている悩みや苦しみを少しでもやわらげるよう役立つことができればと思い、この本を書きました。自浄力をつける方法は難しいことではなく、日常生活の中で意識するだけでできることばかりです。

自浄力がつき魂の声が聞こえるようになると、自然と神様とも会話ができるようになっていくでしょう。**もう迷うことなく魂が望む方向へと自分を導いていくことができるようになる**はずです。


さあ、今日から自浄力を高める生活をしていきましょう。魂からの直感を受け入れ、本当の幸せを手に入れてください！

日下 由紀恵

理想の自浄力システムとは

自浄力が働くといいことずくめ！
もう人生で迷うことはありません。

神様と出会ってわかったこと
私 日下由紀恵は
夫と息子と娘を持つ
銀行に勤めるフツーのOLでした
忘れ物ない〜?
いってきまーす!
いってらっしゃい
ところが つい5年前
それを一変する
出来事が起こったのです
ある11月の初め
いつものように
地下鉄に乗って
銀行に出勤
プルルルルルルル……
プシューーッ
地下鉄の出口を出ようと
階段を上り始めたとき
うわーーっ
まぶしい!
目が開けられない!
ピカーッ
突然大量の光のベールが
目の前に現れたのです
その瞬間
私は赤ちゃんの姿になり
ものすごいスピードで
暗い細いトンネルを
光に向かって
高速移動しました
ギューーーッ

これって　私が生まれる瞬間？
私は自分が生まれるときを
再現させられているとわかりました
まあ～まぁ～
かわいいわね～
あははははは
よかった　よかった！
光の先に待っていたのは
満面の笑みで
私を迎える
両親と祖母だったのです！
やっと会えたねぇ
ゆきえちゃん！
そのビジョンを感じているとき
強烈な喜びが
体全体に満ちあふれ
涙が止まりませんでした
やった！
光の世界に
生まれることが
できたんだ！
この日を境に
異変が起こります

たとえば 誕生日
友達からのお祝い
メールをもらっても
HAPPY BIRTHDAY
また年とった〜
年をとると
誕生日なんて
全然うれしくない！
でも そんな気持ちとは裏腹に
「生まれてきてうれしい！」と感じている
強烈な感情を おへその下辺りに感じました
わーーい
どうやら 別の存在が
自分の中にいる……
……
ウフフ…
その瞬間
自分の中にもう一人
核となり
常に自分を応援する存在
魂
があることを
はっきりと確信しました
フレーッ
フレーッ
ゆ・き・え
それから急に
霊感が開きました
後輩の女の子と
話していると……
スティック・オレ
おいしいよ
わーい♥
いただきます
ぎょっ……

戦国時代のヨロイを着ている前世の姿に視えたり
お湯わかしますねっ
えーーっ
ヨ、ヨーコちゃん？
ガシャン
ガシャン
あるときはえらそうな上司が
日下君 この前のクライアントの件だが
前世のハワイアンの格好をして視えたり
プププ……
聞いてるかね？
誰かと話していると相手のオーラが急に輝き出したり
母性の強い人にはピンクのオーラが視えたり
心の中に怒りをもっている人は赤のオーラだったり
イライライラ
相手の魂の光（金色）が突然現れたりもしました
この前ね～
ピカッ
まぶしいー…っ
他にも道を歩いていると……
SUPER
頭の上に宇宙からのエネルギーが入ってきてとても心地よくなりました

逆に
つらいことも
ありました
げそ……
相手を
「許せない！」「憎い！」と
思っている
ネガティブな念
結婚するんだって～？おめでとう！
ありがとうございまーす
先こされた～
息子が事業を起こすそうだが今はやめさせてくれ
孫の車の運転が危なっかしいんじゃ
子孫を心配する
ご先祖たちの念
絶対に売るもんか～！
物に宿った
使用者や製作者の念
捨てられた
物の悲しみ
えぇ～っ！もうお払い箱なの？
ゴミ
無駄に廃棄される
食料の悲痛の念
そろそろ閉店だよ…
半額
はぁ
かなしい……
俺たち売れ残りは捨てられるんだな
「あの人に会いたい～！」
といった執着の念
何してるの？どこにいるの？スキなのよぉ～！
などに押しつぶされる毎日が
続くようになり
そのときの具合の悪さといったら
息ができなくなり
気持ちが悪くなり
大変です
うえ～～っ
きもちわる～い!!

でも じつはみんな
目に見えていないだけで
さまざまな人や物の
悲しみや悔しさの念が
あふれている中で
生きているのです
そのうちに
いろいろなことに対して
非常に強い直感が現れ
ビジョンで教えてくれる
ようになりました
なに食べよう♪
MENU
今日はパスタね
ん⁉
どよ〜〜ん
オハヨ〜…
あの人のオーラは
すごくよどんでいるわ
?
はて?!
思ってもないのになぁ
不思議な変化にとまどううちに
ある日 その直感のビジョンが
頭の上のほうから聞こえてくる声に
変わっていることに気づきました
ゴゴゴ…
……
ん〜〜?
あ……
あなたは、誰ですか?
われはアマテラスオオミカミなり
はぁ——うそ——ん!!?

誰？
神様じゃ
誰？
神様
……。
カミサマ
その日から「神様」による
私の授業が始まりました
LESSON 1
神様は 朝目が覚めると
すぐにやってきて
あさよっ
うーーん…
どうして日本人の髪の毛は
黒いのかというと…
最強の自浄
ツールなんだぁ
夜 眠りにつくまで
いろいろな会話をしながら
ありとあらゆることに
ついて教えてくれました
もちろん仕事場も一緒
仕事に集中すると
声は聞こえなくなる
ふーーっ
おわった～
あれ？
いない
それ以外は
ずっと一緒
いただきマース♪
おむかえ
いそげーっ
なんか…
ストーカーっぽい？
寝る前に反省と感謝をしなければ
眠る許可が下りないこともありました
ねむい～
その内容は
どれもこれも
目からうろこで
人生を深く
考えさせられる
ことばかり
苦しいときや
悩んだときに
まずやるべきことは
ナルホド…
メモ
メモ
そして
神様から教えてもらったことの一部を
まとめたのがこの本です

そんなある日
ふとした瞬間に
自分自身の人生を
振り返ることになりました
……
神様が
私の潜在意識の中を
のぞかせてくれたのです
この中をのぞいてごらん
?
そー……
わっ……
そこは
怒り 悲しみ 寂しさなど
本当の気持ちが混ざり合う
メルティングポットのような
場所でした
ネガティブな
感情がいっぱい!
そのとき二人の子どもを
抱えて離婚をしていましたが
潜在意識をのぞくことで
罪悪感を抱いていたことに
初めて気づかされたのです
私が本当に望んでいるのは
もう一度家族みんなで
やり直すことだったんだ!

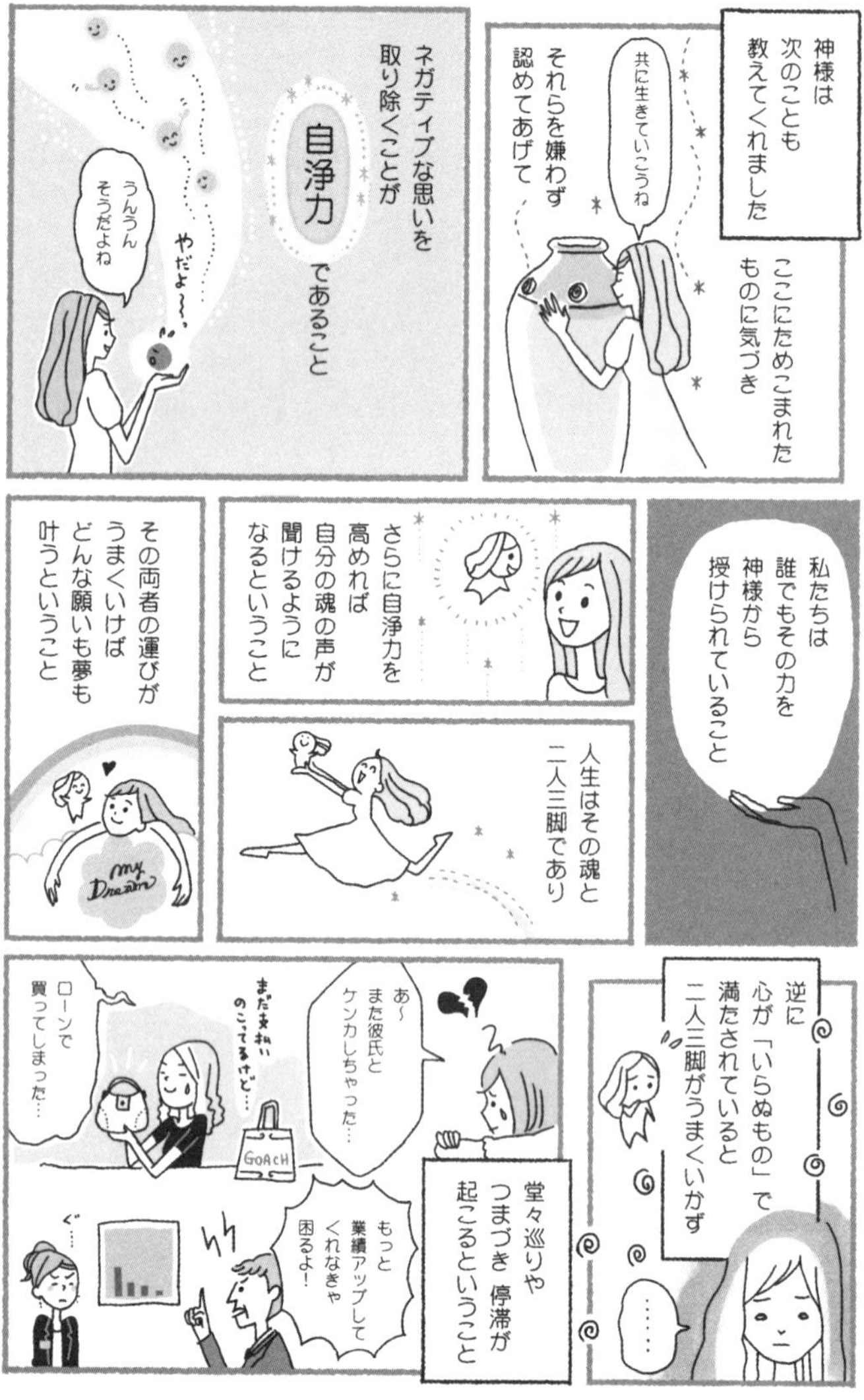

神様は次のことも教えてくれました
ここにためこまれたものに気づき
共に生きていこうね
それらを嫌わず認めてあげて
ネガティブな思いを取り除くことが
自浄力
であること
やだよ〜…
うんうん そうだよね
私たちは誰でもその力を神様から授けられていること
さらに自浄力を高めれば自分の魂の声が聞けるようになるということ
人生はその魂と二人三脚であり
その両者の運びがうまくいけばどんな願いも夢も叶うということ
my Dream
逆に心が「いらぬもの」で満たされていると二人三脚がうまくいかず
……
あ〜また彼氏とケンカしちゃった…
まだ支払いのこってるけど…
ローンで買ってしまった…
GOACH
堂々巡りやつまづき 停滞が起こるということ
もっと業績アップしてくれなきゃ困るよ!
ぐ…

本当は誰でもみな神様とつながっているのです
神様はえこひいきすることなく誰のもとにも同じようにエネルギーを注いでくれています
だから自浄力を高めて魂がくれる直感を信じましょう
大丈夫！今日のプレゼンはきっとうまくいく！
笑顔！笑顔！
今日の飲み会はやめておこう
つらいけど彼との関係は終わりにしよう
隣の課の遠藤さんかっこいいよなぁ〜
ある日
ちょっと集まって一
今日からうちの課も手伝ってもらうことになった遠藤君だ
なんと…
よろしく
カーーッ
やった！隣の席！
こっこちらこそ
なんてラッキーなの!!
はっ
まさか…
これは神様が力を与えてくれたおかげ？
神様とつながっていることを感じながら日々暮らせば思いどおりの人生が歩めるようになるのです
ランチでもどう？
喜んで！

目次

はじめに ── 魂からの直感を受け取っていますか？ 2
神様と出会ってわかったこと 6

第1章
邪気を呼ぶ心のガラクタとは？

ネガティブな感情は心にたまる 26
日常生活のあらゆる場面で生まれる心のガラクタ 28
本当の気持ちに気づけない私たち 30
負の感情も存在を認められたいと思っている 34
チェックテスト あなたの心のガラクタ度はどれくらい？ 36

CONTENTS

第2章

「できない自分」を認めたくない気持ちがガラクタを生む

「できない自分」を認めている？ 40
「怒り」は強力な心のガラクタを作る 42
悪口は自分の魂を傷つけるやってはいけない行為 44
好きすぎるのも罪!? 46
「未練」は心のゴミを作り出す 50
いい人もガラクタを増やしてしまう「罪悪感」というワナ 52
不倫や浮気は罪悪感を増大させる 54
離婚しないほうがいいと言われる本当の理由 57
不安は不安を増殖させる!! 60
魂のミッションは気づくまで何度も同じ試練を与えること 62
ガラクタをためこむ真相とは？ 64
IT機器が心のバランスを崩す!? 66

第3章

心のガラクタはあらゆるエネルギーを滞らせる

本来の魅力を発揮できない人とは？ 70
心のガラクタが蓄積してできた邪気 73
オーラが美しい人とどんよりしている人の違い 76
邪気がおびえる高速のオーラ 78
気持ちが不安定なときに行ってはいけない場所 80
自浄力がアップするコラム 1
宇宙の気を取り込むポーズをしよう 82

CONTENTS

第4章 心のダイヤモンドを見つけ出す「自浄力」

ガラクタを自動的に掃除する「自浄力」 84
誰でも神様と会話をしている！ 87
心のダイヤモンドはどん底状態の中にある 90
魂は、みな金色に輝いている 92
恋愛していないときのほうが成長する!? 95
自浄力があればすべてのことは自分で解決できる！ 98

第5章 自浄力が高まる「暮らし方」

1 自浄力の基本3要素を意識する 102
2 呼吸で不安や恐れを吐き出す 104
3 鼻呼吸は自浄力をアップする 106

4 トイレに入ったらとりあえずいきむ 108
5 夜の睡眠で浄化をはかる 110
6 布団は神様だと考える 112
7 不安は怖い夢でデトックスされる 114
8 「笑顔」のパワーで邪気を遠ざける 116
9 風邪をひいたら「がんばったね」と自分をほめてあげる 118
10 体内を常に新鮮な水で満たす 120
11 肉や魚はおいしくありがたくいただく 122
12 栄養よりも直感で食べたいものを選ぶ 124
13 気持ちに余裕がないときほど
ジンジャー・ミルクティーを飲む 126
14 嫌なことがあったときはお酒を飲まない 128
15 家以外の場所では靴をぬがない 132
16 心のガラクタを増やす番組は見ない！ 134

CONTENTS

17 七福神様の存在に気づいて家を笑いで満たす 136
18 家庭の中にゴールデンサークルを作る 138
19 ふと浮かんだ数字や歌は神様からのメッセージと受け止める 140

自浄力がアップするコラム 2
ストラップやアクセサリーを磨いて幸せを受け取ろう 142

第6章 「自浄力」をもっと高める習慣

20 悩んだときは、神様にどんどん質問する 144
21 つらい出来事が起こったら「プレゼント・パーフェクト」と唱える 147
22 ペンディング事項をリストアップして実行する 150

23 黄色の蛍光ペンを使って魂を喜ばせる 152
24 メールするのはグッドニュースだけ 154
25 メールの返信は「きたらすぐ」が原則 156
26 地味なルールや道徳をひたすら守る 158
27 光に近い色の洋服を着て気持ちをポジティブに変える 160
28 毎朝7色から「これだ」と思う色をインスピレーションで選ぶ 162
29 傘のグレードをあげる！ 164
30 心の声は付箋で流す 166
31 お経を唱えて気を整える 169

自浄力がアップするコラム 3
赤と白のアイテムを取り入れる！ 172

第7章

神様を味方につける生き方

この世の経験はすべて宝 174
現実を投げ出さなければ新しい扉は開く 176
人生をやり直しても必ず今と同じことを選択する 178
思考フットワークを軽くしておく 180
ネガティブな感情がわいたら共感してあげる 182
人をうらやむよりも自分の人生を歩く 184
他人を批判するよりも自分のことに集中を 186
私たちには「現在」しかない 188
自分を信じ、他人を信じる 190
神様の作った流れに身を任せる 192
誰でもソウルメイトに守られている 194
運命の人はすぐそばにいる！ 198

自浄力がアップするコラム4
トイレを掃除する 202

第8章

自浄力がつけば幸せは最速でやってくる！

クリアになった心には最速で幸運が舞い込んでくる 204
心が整理されると理想の男性がやってくる 207
本当にやりたい仕事を教えてくれた魂のメッセージ 210
自浄力が働くとお金がどんどん入ってくる 212
付録「心のガラクタを宇宙にお返しするシート」 214
神様が教えてくれた「自浄力」を高める30の大切なことリスト 220

第1章

邪気を呼ぶ心のガラクタとは？

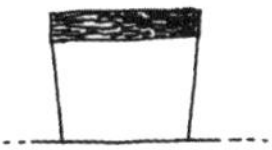

心の中のゴミとなるものの
正体を知りましょう

ネガティブな感情は心にたまる

心のガラクタは取り除ける！

あなたの心の中には、どれくらいのガラクタがたまっていますか？　それは、あなたが今までどのように生きてきたかによって決まります。

感情には、うれしい、幸せ、楽しいといった「ポジティブな感情」と、つらい、さみしい、苦しい、怒り、憎いといった「ネガティブな感情」の2つがありますが、ガラクタになるのはネガティブな感情です。

残念ですが、これまでネガティブな感情をたくさん抱えて生きてきた人は、邪気を呼ぶガラクタでいっぱいと思っていいでしょう。

そしてやっかいなことに、**心にガラクタをためてしまうと、魂が望んでいる本当の気持ちがガラクタに埋まって見えなくなり、しまいには、ネガティブな感情だけで心が占領されてしまうことになる**のです。

では、心のガラクタは取り除けるのでしょうか？

答えは「ＹＥＳ」。

ただし、正しい取り除き方を知らないと取り除けないばかりか、なかなか改善されない事態に不安になったり、自信をなくしたりして、さらにガラクタの量を増やしてしまうことにもなりかねません。

冒頭マンガで紹介させていただいたとおり、私は神様との会話の中で、心のガラクタの取り除き方を教えていただきました。それは、本来私たちが生まれながらにしてもっている能力。魂は理解していますが、肉体をまとうことによって感じにくくなってしまっているだけなのです。

この本をきっかけに、心のガラクタを思い切って整理しましょう。

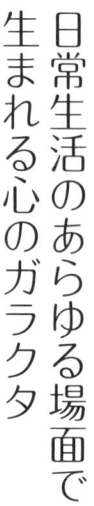

日常生活のあらゆる場面で生まれる心のガラクタ

心のガラクタの正体

心のガラクタとなるネガティブな感情とは、具体的にどのような感情なのでしょうか？　たとえば、次のようなものがあげられます。

本当はめいっぱい母親に甘えたかったのに、お姉ちゃんだからといってガマンした気持ち、決してほめてくれなかった親への怒り、片思いの彼に言えなかった「好き」という気持ち、なんでこんなだらしない夫と結婚しちゃったんだろうという後悔、彼に浮気をされて「絶対に許せない」という憎しみ、いつもクヨクヨしている自分を嫌う気持ち、この先おひとり様で生きていくのかと思うとどうしようもない不安……などなど。

どうですか？　あなたも思い当たるものはありませんか？

このように、**ネガティブな感情は日常生活のあらゆる場面で生まれては、心のガラクタとなって、どんどんたまっていく**のです。

それだけではありません。もっとさかのぼると、前世で解消されていないトラウマ（心に負った深い傷）や、胎児のときに「お母さんは本当に私が生まれることを望んでいるのかな？」などおなかの中で感じていた感情なども、気づかぬうちに心のガラクタとなっているのです！

前世や胎児の頃までさかのぼってしまうとさすがに気づくことは難しくなりますが、物心がついた頃からなら、どんなことがネガティブな感情としてたまっているのかを思い出すことはできるでしょう。

あなたの心には、どんなガラクタがたまっていますか？

それを見つけ出すことが、ガラクタを捨てる第一歩となるのです。

本当の気持ちに気づけない私たち

宇宙空間のように果てしなく広がる潜在意識

日常生活の中で生まれたネガティブな感情は、心のガラクタとしてたまっていきますが、いったい心のどこにたまるのでしょうか？

それは、**「潜在意識」です。**

潜在意識とは、別名、「無意識」と言われ、私たちが普段自覚していないにもかかわらず、行動や考えに大きな影響を与えている意識のこと。

ちょうど心臓の下あたりに潜在意識がとどめられている空間があり、ここにつらかった出来事や傷ついた感情、恐怖、覚えていると前に進めなくなるような事実、叶うことのない彼への思いなどをどんどん入れていきます。

冒頭マンガでもお伝えしましたが、じつは5年前、私はお給料を家計に一銭も入れてくれない元夫と、離婚するに至りました。

子供二人との生活は楽ではなかったにしても、新しい旅立ちは明るい希望の光に満たされ、新たな決意のもと新生活を楽しんでいました。

いえ、少なくともそのつもりでした。ところがです。その後、神様との会話の中で、神様がこう言うのです。

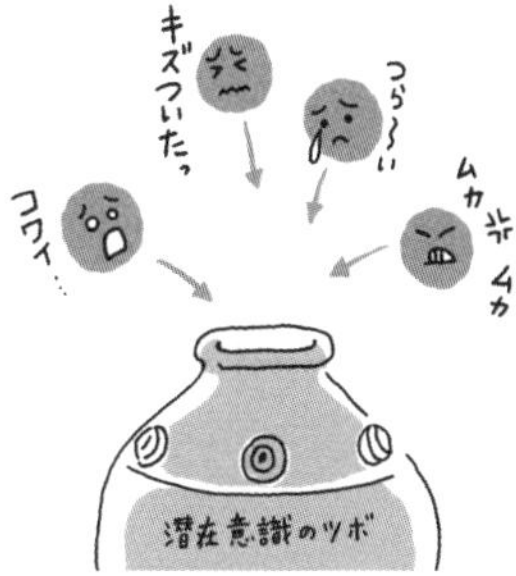

「おまえが今、一番会いたいと思っているのはだれかわかるか？」

「？？？」

「では、おまえの潜在意識の中がどうなっているか、のぞいてごらん」

私は、潜在意識のツボの中をのぞきました。

ツボの中身は、暗闇がどこまでも続くブラックホールのようになっていて、中は無限の宇宙につながっていました。

そのときです。元夫の顔が浮かび上がりました。そして、次の瞬間、私は号泣していたのです。元夫にはずいぶん苦しめられてきましたから、意識の上では「二度と会いたくない」と思っていたのに、じつはまったく反対の思いが存在し、心の奥底にしまいこまれていたのです。

私は自分の本当の気持ちを知って、心のつまりがとれた気分でした。すぐに元夫に連絡をとり、「もう一度一緒に暮らしたい」という気持ちを伝えたことで、気分がスッキリしました。

さまざまな感情がしまいこまれる場所

このように、私は神様から自分の潜在意識をのぞき見させていただき、心のガラクタや本当の気持ちのありかを知ることができました。

そこには、自分ではすっかり忘れていた幼児期に見た恐ろしい夢や、迷子になったときの強い不安感、母の胎内にいたときに感じていた母親の感情、自分が犯した過ちや過ちを過ちとも認識できていないことに対する自責の念、人を傷つけてしまったときの後悔の思い、がまんして押し殺した気持ちなど、それはそれはたくさんの感情がしまいこまれていたのです。

この**ガラクタを取り除かなければ、魂の望むことに出会えない**ということを、身を持って感じた貴重な体験でした。

あなたも、なぜか心のモヤモヤがとれない、何か心にひっかかっているものがある……と感じることはありませんか？

思い当たる人は、潜在意識の中にどんなガラクタがしまわれているのかを知り、解消しましょう。

心のガラクタをなくすことは、魂との会話をスムーズにし、あなたを目指す場所へ最短、最速で運んでくれることなのです。

負の感情も存在を認められたいと思っている

ガラクタにも人格がある

心のガラクタを見つけたら、どのように扱えばいいのでしょうか？　ゴミのように、ポンと投げ捨ててしまえばいいのでしょうか？

いいえ、そうではありません。

感情とは自分から生み出されたものであって、あなたの子どもとなんら変わるものではありません。あなたが感じた思い（＝あなたの子ども）を、あなたが投げ捨ててしまったら、その思いはだれにもわかってもらえないまま存在を否定されたことになってしまいます。

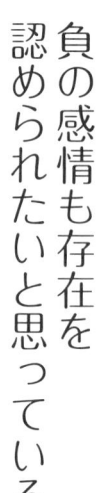

私たちも存在を否定されたらつらい気持ちになりますが、それと同様、人間だけでなく、物、感情……**すべての存在するものには人格があり、存在を知ってほしいという「基本的人権」を持っている**のです。

私たちは、うれしかったこと、安心したこと、楽しかったことなどのポジティブな感情については、思い出し、人に伝え、時に酒の肴にしたりなど、何年たっても大切に扱いますが、ネガティブな感情――悲しい、苦しい、悔しい、恥ずかしい、つらいなど――となると、見なかったことにしようとします。

これでは**ネガティブな感情がかわいそう**ですね。逆に、認めてもらえるまで意地を張って居座る可能性だってあるのです。

ネガティブな感情を見つけたら、「つらかったね」「大変だったね」と、丁寧に扱いましょう。**負の感情は、存在を認めてもらった瞬間、未練なくあなたから離れ、あなたと魂の間のルートをクリアにしてくれる**のです。

チェックテスト

あなたの心のガラクタ度はどれくらい？

あてはまる項目にチェックをつけましょう。たくさんチェックがついた人ほど、ガラクタがたまっている可能性大！　38ページの解説も合わせてご覧ください。

1 自分からは謝らず、相手が謝ってくるのを待つ …… □

2 「あのとき、あの人とつきあっていたら……」と考える忘れられない人がいる …… □

3 テレビがついていると安心する …… □

4 会社で他人が怒られていると、その理由がとても気になる …… □

5 自分の好きなところを聞かれると、考え込む …… □

6 願いが叶うと言われる置物やアクセサリーなどを見ると
つい買ってしまう □

7 仕事をやめさせられたらどうしよう、
地震がきたらどうしようなどと、いつも不安に思う □

8 野菜ジュースを飲むことを日課にしている □

9 結婚式のお色直しは最低三着は着たいと思う □

10 パソコン操作や入力が得意で、長時間していても苦にならない □

11 パスタと和定食なら、パスタが好き □

12 燃えるゴミを回収日の前日に出したことがある □

13 除菌大好き □

14 ゲリラ豪雨によく合う □

15 電車で寝過ごすことが多い □

チェックテストの解説

項目ごとに心のガラクタをためやすい理由をお教えします。

1 ＋ プライドや見栄で心を固くしてしまうと、幸福エネルギーが入りづらくなる。

2 ＋ 後悔の気持ちは、可能性を狭めてしまう。

3 ＋ 不安が多い人ほど、静けさを恐れる。

4 ＋ 人の詮索にエネルギーを使うということは、すでにガラクタがたまっているということ。

5 ＋ 短所が目につく人は、幸運の扉を自ら閉じる傾向にある。

6 ＋ 自分にはもっと必要なものがあるという焦りと不安を常に抱いている証拠。

7 ＋ 未来に不安を抱いていると、邪気にエネルギーを食われてしまう。

8 ＋ 几帳面・こだわり派・完璧主義な人ほど、自分に制限を作りやすい。

9 ＋ 自己アピールに重点をおくのは焦りや不安の表れ。

10 ＋ 長時間パソコンの前にいるとバイオリズムに影響する。

11 ＋ 米は、日本人の浄化に一番ふさわしいように神様が選んでくださった主食なので、パスタより米のほうが不要物を排出しやすい。

12 ＋ ルールに無頓着な人は、罪悪感を抱きやすくガラクタをためこみやすい。

13 ＋ 細かいことが気になってしまうタイプ。

14 ＋ 魂からの軌道修正サインが出ている証拠。

15 ＋ 不安が多く、魂と会話ができていないと寝すごす。

第 **2** 章

「できない自分」を認めたくない気持ちがガラクタを生む

心にガラクタがたまってしまう理由とは？

「できない自分」を認めている？

他人の目を気にしすぎるとガラクタになる

心のガラクタをなくすことは、魂との会話をスムーズにし、あなたを目指す場所へ最短、最速で運んでくれることは第1章でお伝えしたとおりです。

しかし心の中のことですから、部屋を片付けるのとは少し違いますね。そこで、この章では、なぜ心にガラクタがたまるのか、その原因を考えましょう。

ＩＴ関連会社に勤務している相談者Ｄ子（29歳）さんは、最近気分が落ち込むようになり会社に行くのが憂鬱でたまりません。そこで、彼女に毎日の思いを文章につづり、自分の深層心理を究明する作業をしてもらうことにしました。

すると、これまでの人生は何事も母親がおぜん立てをし、母親の言いなりになって常にその存在に脅えていたこと、その結果、他人の目を必要以上に気にしてしまうストレスで、体が硬直してしまうことに気づきました。

D子さんの心理は、じつは多くの人に共通することです。「いい子でいなきゃいけない」「間違ったら恥ずかしい」「自分は周りによく思われているだろうか?」など、誰でも少なからず、他人を気にする目があるのではないでしょうか? ガラクタがたまる原因はここにあります。

みな、「自分はカッコよくありたい」と思います。嫌われたり、バカにされたりする「できない自分」は認めたくないのです。

しかし、人間はいつも完璧ではいられません。恥をかいてはいけない、失敗をしてはいけない……そんなふうに**凝り固まった考えで生きるということは、魂(=本当の自分)を裏切る**ことと同じです。心の中の不要な感情の出口を閉ざさず、「できない自分」も認めてあげてくださいね。

「怒り」は強力な心のガラクタを作る

怒りの前の純粋な感情を見つめよう

道を歩きながらすれ違った人に「チッ！」と舌打ちする、スーパーのレジ待ちの長い列に並びながら「早くしろよ！」と怒鳴り散らす、お店でグズグズする子に「はっきりしろ！」と父親が怒る……など、日常のさまざまな場面で、怒りでキレる人たちを目にすることがあります。

じつは、「怒り」こそ大きなガラクタの原因。

なぜ、怒りが強力なガラクタになるのかというと、**「喜」「怒」「哀」「楽」という4つの感情のうち、怒りの感情だけが、他の3つと違って純粋な感情では**

ないからです。

怒りの感情とは、「できるかな～」「大丈夫かなぁ～」「早く終わるといいなぁ～」「もしだめだったらどうしよう」などの、小さな不安や焦りが元となっています。そのネガティブな気持ちは大変低い周波数を放ちます。すると、不安の気泡が増殖し、悪い妄想を次から次へと起こします。

抱えこんでいることが不可能なまでにふくれ上がった不安の気泡はやがて非常に強いネガティブなエネルギーとなり、何かをきっかけに爆発します。

それが怒りの現象です。

最近なんとなくイライラしがち、小さなことで怒りを覚えることが多い、という場合は、自分の心が不安や焦り、寂しさなどで押しつぶされそうになっているときです。

そんなときこそ、怒りの感情に変化する前の純粋な感情、落ち着いているときの優しくて純粋な自分の気持ちを思い出し、抱きしめてほしいのです。

悪口は自分の魂を傷つける やってはいけない行為

深い傷が残るのは傷つけられた人より傷つけた人

友人とのランチや会社の飲み会などで、その場にいない人の悪口で盛り上がったり、ネット上で知らない誰かを誹謗中傷したりしたことはありませんか？

このような言動をしている側は、深い意味もなく、また悪いことをしたという認識もないかもしれません。覚えているのは傷つけられた側のほうで、悪口を言った本人は何も傷つかなかったように見えますね。

ところが、実際はまったくその逆なのです！

神様は、人を傷つける言動は、その言葉、声や行動で、まず自分の体に非常に悪い振動を与えると言います。魂(=精神)は純粋で柔らかく傷つきやすいため、体(=物質)で守られる必要がありますが、自ら発してしまう負の振動のせいで、自分の魂に深い傷を刻み込んでしまうのです。そして、魂に一度ついた負の傷は残念ながら一生消えることはありません。

では、いじめた側はなぜ、自分のしたことを忘れてしまうのでしょうか?

それは、**自分がつけた魂の傷が深すぎて、覚えていては前に進めないため、あえて記憶から外し、潜在意識の奥深くに埋め込んでいる**からです。

一方、された側も、その悪い言動の振動で同じように傷つきはしますが、自分が発した振動ではないので、時間とともになくなる一時的なもの。魂のレベルでは、人を傷つけてしまった傷とは比べものにならないほど浅いのです。

このように、他人を傷つけた言動は、気づくこともできないままガラクタとなってオーラの輝きを奪います。

だから、人の悪口は言ってはいけないのです。

好きすぎるのも罪!?

愛情のコップがいっぱいになったら危険!

人として生まれてきた大きな喜びのひとつに恋愛があります。素敵な人との出会いは心から大切にしたいものですよね。

しかし、人の思いというものは、目に見えないだけにその取扱いには細心の心遣いが必要になってきます。

じつは、私たちはみな心の中に愛情をしまっておくコップをもっていると、神様は言います。その中に相手への気持ちをためてゆくのですが、**「好き」という気持ちが強すぎてコップからこぼれてしまった思いは、居場所を失い、瞬**

時に相手に飛んでいきます。

これが、いわゆる「生霊」です。

生霊の思いとはどのようなものかというと、「もっと会いたいのに会ってくれない」「結婚したいのにしてくれない」などという恨みや不安の苦しみです。

生霊がくると、まず、頭痛やだるさなど、体調不良が起こります。

そして双方の間に専用のルートができて、お互いが感じるネガティブな感情をやりとりしてしまうようになります。

たとえばこんな感じです。「まさお君から最近メールがこなくてショック～。もう私のこと、嫌いになっちゃったのかな……」と、恋人の愛ちゃんが思うと、その思いは生霊となってまさお君に届きます。するとまさお君は「なんだか最近だるいなぁ～。彼女の気持ちも重いし、会うのも面倒……」と、まさお君のネガティブな気持ちが愛ちゃんに戻ってきます。すると、愛ちゃんは、「なんか最近だるくてうまくいかない。全部、まさお君が会ってくれないせいだ！」

と、お互いの負の気持ちが悪い相乗効果を起こしてしまうのです。
　また、飛ばしたつらさを相手がわかってくれないと、相手の周りにいる弱いもの、たとえば子どもやペットなどに憑き、突然原因不明で体調が崩れるなど、悪質なアピールを始めることもあります。
　このように重たい気持ちだけが相手に伝わるようになってしまっては、せっかくの素敵な出会いもお互いにとって毒になってしまうだけ。
　相手への気持ちがネガティブなものになっていると気づいたら、出会えた奇跡を喜ぶほうにフォーカスしましょう。

相手の幸せを願うことこそ幸運になれるカギ

重たい気持ちは、恋愛だけではありません。家族や同僚、亡くなったいとおしい人たちに対しても同じように相手に飛ばしてしまうことがあります。

たとえば、母親が子どもに対して「こんなに心配してるのに、なんでわかってくれないの？」と思ったり、先輩が後輩に「愛情を注いで面倒をみてあげているのに、なんで感謝してくれないの？」と感じたり、亡くなった人に「なんで先に逝っちゃったの？　これから私、どうすればいいのよ～」と嘆いたり……。

あなたも、重い気持ちを相手に送っていませんか？

相手を思うとき、それが温かい輝きを持つものなのか、それとも、つらさゆえの思いなのかで、お互いの幸せ度も変わってくるのです。

「未練」は心のゴミを作り出す

過去の記憶へのこだわりは現在の自分を否定する

あなたが、過去につきあっていた大好きな人のことがいまだ忘れられないでいるなら、それも立派な心のガラクタになります。

大好きで、運命の人と信じて疑わなかったのに、お互いあんなに信頼し合って、たくさんの忘れられない思い出があるのに……わけあって別れなければならなくなってしまった。それはとても残念でさみしいことですよね。

でも、あなたが過去に固執する気持ちというのは、**すなわち「現在の自分」を認めてあげていないということ。**現在の自分を否定している人のオーラは、輝きを失い、粘着性を帯びて視えます。ここだけの話、ねばねばして、邪気などの余計なものをくっつけてしまうのです。

そんなことを言われても、簡単には忘れられないものですよね。

しかし、本当のことをいうと、「あのとき彼と公園で過ごした時間が忘れられない」といった未練は、「有名レストランで食べたあの料理の味が忘れられない」といったものと同じで、単なる過去の記憶なのです。

私たちは、幸せを感じているときに快感を促すホルモンを分泌すると言われています。すると、さらに幸せ気分に浸ることができるため、**一度感じた幸せなシーンをもう一度取り戻したいと思っているだけ**なのです。

過去の記憶にこだわり続けてしまうと、ガラクタだけが増えてしまい、自分が本当に望んでいることがわからなくなってしまいます。

それよりも、今のあなたをハッピーに導いてくれる人こそが、本当に必要としている人。未練を思い切って捨てて、新しい未来に進みましょう。

いい人もガラクタを増やしてしまう「罪悪感」というワナ

人を救えない自分に生じる罪悪感

人の気持ちを考えられる優しい人、困った人を放っておけない人、曲がったことは断じて許さない正義感の強い人――このような人は、自分からあふれ出る気持ちに純粋で、それをストレートに意思表示します。ですから余計な心の感情を持ちにくくなっていますが、そこが落とし穴になる場合があります。

自殺防止NPO法人に勤めるK氏のところに、今から自殺しようとしている女性から電話が入りました。

K氏は彼女を保護し、悲惨な生活の状況に耳を傾け、就職支援も熱心に行いました。いったんは元気を取り戻したかのように見えた女性でしたが、3か月後に遺書を残して自殺してしまいました。

K氏は「もっと彼女に向き合っていれば自殺せずにすんだかもしれない」と自分を責めずにはいられず、その思いは何年たった今でも消えないと言います。

人を傷つける言動でも罪悪感は生まれますが、このように、人を救えない自分に対するもどかしさにも罪悪感は生じます。

けれど、決定的な違いは、人を傷つけた罪悪感は一生消えないのに対して、**人を救えなかった自分に対する罪悪感は「自分は一生懸命ベストを尽くし、やれることはやったんだ」ということを自分に納得させることで、消えることは可能である**という点です。

K氏の場合も、女性は保護していた施設から出ていってしまい、連絡がとれなくなった末の結果でした。こうして防ぎようのない出来事だったことを理解することで罪悪感が薄れ、前に進むことができるのです。

不倫や浮気は罪悪感を増大させる

魂の声を聞こえなくする罪悪感

なぜ不倫や浮気はいけないのでしょうか？

一生のうちで知り合う人の数は、その地球上の人口のほんのひとにぎりにすぎません。そんな「運命の出会い」を大切にしたいと思うのが、人間の感情というものです。

ですから、「それをしてはいけない」とは神様は言っていません。ただし、以下のことをきちんと理解した上なら、という条件つきで。

・不倫や浮気とは必ずウソをつかなければならないこと。

あなたが他の誰かと内緒で会っているということは、パートナーと冷めきった間柄であっても、パートナーや子どもを傷つけていること。

不倫や浮気相手に「ずっと一緒にいたい」「結婚してほしい」などの思いがあったとしても、お互いの立場を考えると、その気持ちを飲み込んでしまい、自分を思う存分表現できないという我慢を強いられること。

あなたの魂は決してそれを望んでいないこと。そしてその行為に罪悪感を持ってしまっていること。

不倫や浮気をしている人は、どんなにドラマティックな恋に胸を焦がしている最中でも、そのオーラは罪悪感で重く垂れさがっています。

こうして、罪悪感は心のガラクタとなって、魂の声をシャットアウトしてしまうのです。

もうひとつ、不倫や浮気をしてはいけない理由があります。それは、**ひとつ**

の魂が傷つくと、みんなが傷つくからです。

たとえば、あなたが妻子持ちの男性と不倫をしているとしましょう。夫の浮気を知った妻はショックをうけるでしょう。その深く傷ついた気持ちは、子どもにも影響し、子どもも深く傷つけます。

妻は、子どもの傷ついた姿を見てさらに心を痛めます。そして、こうした妻や子どもの悲しみを見て深く傷つくのは、あなたの最愛の恋人であり、その彼の悲しむ姿を見て傷つくのはあなた自身であることを忘れてはいけません。

叶わぬ恋をすると、私たちは、「もっと早く巡り会っていたら結ばれていたのに」「好きになってしまう気持ちは止められない」などと自分に都合よく考えがちですが、じつは周りの人を傷つけている分だけ、自分の魂も傷つける行為なのです。

そこまでして、不倫や浮気をしたいと思いますか？　それよりも、クリアな心で自分の夢を叶えるほうがずっと建設的ですね。

離婚しないほうがいいと言われる本当の理由

一時的な感情で別れると後悔の念に襲われる

今は三人に一人が離婚する時代ですが、できれば離婚しないにこしたことはありません。

なぜ離婚がいけないのかというと、**結婚相手は神様が選んでくださっているからです。それも、私たちを一番成長させてくれる相手を神様が一生懸命探してくださった結果**なのです。

神様や人様の前で結婚宣言をすることは、その成長を最後まで見守ってもらえるよう、自分たちの覚悟を意思表示するということでもあります。

ですから、どんな人も結婚相手というのは、自分とバランスを保てる相手になっています。それなのに、離婚するというのは、神様が選んでくださった相手をお断りすることになります。

けれど離婚してはいけないわけではありません。このことを理解した上で、今の現状を受け止め、そこから逃げずに一生懸命向き合ったけれど、もうこれ以上一緒にいるのは難しいし、別れたほうが幸せになれる、と自分が納得できるプロセスを踏めば問題ありません。

努力をした結果であれば、その選択に神様は味方してくださいます。

しかし、そうではなく、夫の浮気が発覚しカッとなって家を出る、喧嘩が多く「もうこんな相手とやっていけない」と思い別れる、不倫相手に夢中になって離婚する……など、「今の状況から逃げたい」という気持ちから、一時の感情で離婚に踏み切ってしまうのはいけません。

人は過ぎ去った過去のことは、いい思い出しか残せないようにできているため、必ず後悔の念が襲ってきて、重い心のガラクタを作ってしまうからです。

魂の声を聞ける環境に身を置く

とはいえ、相手からＤＶ（ドメスティックバイオレンス）を受けているなど、自分自身の身に危険が迫っていることもあるでしょう。

そのような場合は、納得して離婚するなど悠長なことは言っていられませんし、魂の声を聞く余裕もないと思います。

そんなときは、家を出るなど相手から距離をおいて、冷静になれる環境に身を置きましょう。**冷静になり、魂の声に耳をすませば、おのずと正しい判断ができる**はずです。

魂の声にもとづいた離婚であれば、後悔の念や罪悪感が生まれることがないので、心にガラクタを増やすこともないのです。

不安は不安を増殖させる!!

孤独に対する不安が「依存」を作る

人間の最大の天敵は何かご存じですか?

それは「孤独」です。いかに経済的に恵まれていようと、だれかとつながっていなければ、幸せを感じることはできませんよね。社会に、あるいは誰かに必要とされている実感こそが、私たちの生きる原動力を作っています。

ですから、彼氏ができない、恋人にふられた、リストラされた、就職先が見つからない……などの孤独を感じる事態に遭遇し不安を感じると、それを回避しようと、私たちはさまざまな行動をとり始めます。

たとえば、甘いものがやめられない、朝からお酒が欲しくなる、出会い系サイトで短絡的に恋人を探す、洋服を買わずにはいられない……など。これらはだれもが経験した、あるいはしていることかもしれません。

こうした行動は、脳に快感をもたらす物質を短時間で多量に分泌させると言われています。快感がもたらされることで、孤独を感じなくさせているのです。しかし、一方で、いわゆる依存傾向を生み出します。

依存する対象のものがないと不安になってしまい、ますますそのものに依存していきます。不安もどんどんふくらむので、そこに邪気がついたり、ガラクタがたまったりしてしまうのです。こうなると、本当の自分に気づくことはおろか、心はガラクタで埋め尽くされてしまいます。

「また○○しちゃった」と思うことがあったら、**目の前に扉があることをイメージして、その先に待ち遠しい未来があることを感じましょう。**そうすることで、孤独が軽減され、不安を取り除くことができるでしょう。

魂のミッションは気づくまで何度も同じ試練を与えること

罰は魂の軌道修正サイン

後輩をいじめていた先輩が、その後まもなくいじめられる立場になってしまった、既婚男性と不倫をしていた女性が、その後別の男性と結婚したけれど夫に不倫されてしまった……など、自分がしたことと同じことが返ってくるという話はよく聞きます。

これを「罰が下った」という人もいますが、**じつは、自分の魂の仕業です。**

罰は誰が与えるのかといえば神様ではなく、自分自身が与えるのです。正確に言うと自分の魂です。

つまり、魂は自分の行いを振り返らせて、軌道修正しようとするのです。

なぜ、そのようなことが起こるのかといえば、**魂には脳の意識と連携して、私たちをハッピーへ導くというミッションがある**からです。

しかし、傲慢な言動は、自ら発する負の振動によって、純粋でやわらかい自分の魂を傷つけ、後悔や罪悪感を生み、心にガラクタをためてしまいます。ガラクタがたまり、自分の直感（＝魂の声）が聞こえなくなると、魂は私たちをハッピーに導くという使命を果たせなくなってしまうので、なんとしてもしてはいけないことに本人が気づくまで、同じような目に自分を遭わせることで徹底的に伝えようとするのです。

魂にしてみれば、自分の使命を果たす命がけの戦いですから、そう簡単には容赦しません。だから、間違ったことをすると、必ず明るみに出るようになっています。それは他の誰でもない自分の魂の行為。

気づくまで、つきっきりでサインを送り続けてくれるのです。

ガラクタをためこむ真相とは？

つらい思い出を心の奥底に埋め込み平穏を保つ本能

ここまでは、どのようなことが原因で心のガラクタがたまるのかを見てきました。心のガラクタは、30ページでもお話ししたとおり、私たちの潜在意識にためこまれ、心の詰まりとなって魂の声を聞こえなくしてしまいます。
では、なぜ私たちはガラクタをためこんでしまうのでしょうか？

人は、自分の命が脅かされるような出来事や、直面すると心が壊れてしまいそうになる思い出を、心の奥底の潜在意識にしまいこむことで、快適さを続行させようとする本能を持っています。

たとえば、幼いころ親に逆らえず本心を言えなかった不満、冷たくされたときの悲しみ、彼氏に深く傷つけられたひと言、大好きだったのに別れることになってしまった相手へのいとおしい思い、つまらないことでいちいち傷つく弱い自分……それらを心の奥底に埋め込むことで平穏を保つのです。

じつは、生まれた負の感情を「潜在意識にしまう」という行為はとても知的な行為です。これがなければ私たちのコミュニケーションは成り立ちません。

でも大切なのは、**あらゆる負の感情は潜在意識にしまわれているという事実を認識し、それらをひとつひとつ解き放つこと。**

ぐっとこらえた気持ちや、感じないふりをした気持ちをほったらかしにしないで、その日のうちに心から取り出してあげることです。

潜在意識にどんな感情が埋もれているのかを読み解くことこそが、あなたを幸せに導くカギとなるのです。

IT機器が心のバランスを崩す⁉

今の時代は昔よりガラクタがたまりやすい⁉

たとえば、電車の中にいるとき、また眠るときなど、「こっち向きの方が落ち着く」という方向はありませんか？

私たちの体には電気の流れが存在し、電界や磁界といった独自の気を作っています。そしてこの気が自然界とうまくバランスをとることで、体と心の安定を図っています。

「こっち向きの方が落ち着く」というのは、自然の気と自分自身の気の調和がなされているからです。それがリラックス状態を作り出してくれるのです。

ところが、この気はとても繊細です。

方位磁石をパソコンや電化製品のそばへ近づけると、針の向きが変わったり、ぐるぐる回り続けたりするのと同様に、私たちの気も人工的に作られた電気の持つ力によって、簡単に影響をうけてしまいます。

長い間、パソコンのモニターと向き合ったり、携帯電話を耳元（脳の至近距離）に当てたり、電車の中ではタブレット……など、たくさんの電気に囲まれて生活をしていると、自身の波動がゆがみ、リズムが崩れ、それが精神の不安定さを生む要因となってしまうのです。

宇宙のエネルギーはリラックスした状態でこそ受け取れるようになっていますが、

ＩＴ機器や電化製品のもたらす電磁波による波動が、気の本来の自然な流れに抵抗やゆがみを与え、リラックスしようとする働きを低下させてしまうのです。

すると、常にストレス状態におかれるので、冷静な脳の判断力が失われ、小さなことでも気になったり、簡単に解決できるようなこともどんどん大ごとに考えていったりしてしまうようになります。


とはいえ、ＩＴ機器を使わない生活はなかなか現実的ではありませんね。

そんなときは、休日などを利用して、パソコンや携帯などから離れ、海や山など自然の中に積極的に出かけるのがおすすめ。

自然の作る音には超音波が含まれていて、それが波動を調整し、自浄力を正常に機能させてくれるようになります。

また、クラシック音楽やインドネシア民族楽器のガムランの音色も、ゆがんだ波動を正常に戻してくれる大きな味方です。ＣＤにはリラックスを促す超音波が収録されていないので、ぜひ生演奏を聞いてくださいね。

第3章

心のガラクタはあらゆるエネルギーを滞らせる

ガラクタを
放っておくといけない
その真相は？

本来の魅力を発揮できない人とは？

いいエネルギーをシャットアウトする

心のガラクタを持つことは、自分を堅い殻に閉じ込めてしまい、すぐ隣にある幸せまでを拒否してしまうことになることはお話ししたとおりです。

では、心のガラクタを持ち続けていると、具体的にどのようなことが起こるのでしょうか。

- 病気やけがを引き起こす
- 不必要なものを購入してしまう
- 夢、仕事、試験がうまくいかない

- 過食になる
- お酒がやめられない
- 見かけで判断して失敗する
- ダメ男といることに気づかない
- 相手のウソに気づかずだまされる
- 毎日がつまらなく、将来やってみたいことが思い浮かばない
- 嫌な人や場所から離れられない
- 望む結婚やそのタイミングを逃す
- 無駄にお金が出ていく
- 人の言動に振り回される
- トラブルに巻き込まれる
- 自分にふさわしくないものを選ぶ
- 大事な情報を逃す

ネガティブなことの羅列でうんざりさせてしまったかもしれませんが、**心のガラクタは体内のあらゆる流れを停滞させてしまうので、いいエネルギーの流れをストップしてしまう**のです。

さらに、風通しを悪くして、見方を一方的・独断的に硬直させ、その人本来の美しい魅力をシャットアウトしてしまいます。

たとえば、本来は弱い者を助けたいと思う心優しい魂を持っているのに、ガラクタによってその輝きがさえぎられると、一時の感情で子どもに暴言を吐いたり、職場でいじめに加わったりするなど、ネガティブな感情に支配されてしまうのです。

これでは、本当に望むことから遠く離れてしまうだけですね。本来生まれ持った美しい魂の輝きをこの世で発揮するためにも、ガラクタを放置しておいてはいけないのです。

心のガラクタが蓄積してできた邪気

邪気は落ち着く場所を探している

「邪気」という言葉を耳にしますが、邪気とはどのようなことを指すのでしょうか？

じつは、**邪気は人間の中にもともとあるわけではなく、心のガラクタが蓄積し、腐敗してできた結果、生まれたもの。**

たとえば、悲しみや恨み、罪悪感などが深すぎると、それらの念が邪気のもととなります。こうして自ら邪気を発することもあれば、他人から邪気を受けることもあります。

では、邪気に侵されるとどのようなことになるのでしょうか？

ひとつの例としては、食欲が止まらなくなったりします。邪気は非常に大量のエネルギーを必要とするため、本人が食べたいわけではないのに、食べ続けてしまうことがあるのです。

また、邪気は単独で行動するだけでなく、ネガティブな念とも同調します。「類は友を呼ぶ」というように、人のせいにする人、だます人、自分さえよければといった人には、似たような考えの人ばかりが集まるようになります。ほかにも、同じような念を持った未浄化霊と同調して行動するようになります。次にその例をあげましょう。

通勤電車の中で見た霊に憑かれた人

先日、電車に乗っていたときのことです。ぐったりと眠りこんでいる女性の後ろに、悲しみにくれた20代前半くらいの男性の霊が寄りかかっていました。

どうやら、恋愛を苦に自殺してしまった霊のようです。

この女性も何か悲しいことがあったのでしょう。深い悲しみから生まれた邪気と同調し、「ふたり」はとてもしっくりきていました。


またある時は、通勤電車の中で、複数の霊が憑いている人を目撃したことも。いきなりすごい勢いで押されたので振り返ると、非常に強い怒りの霊に憑かれた般若の面のような表情の女性がいました。彼女は、恨み、悲しみ、怒りなどの念を抱えていたため、そこに何体もの未浄化霊が喜んで巣食っていたのです。

このような場合、どんなに浄霊をしても、本人の持つネガティブな感情が消えない限り、次から次へと新しい霊が寄ってきてしまいます。そして、**心の隙間に居座っては、さらにマイナス思考へと陥れてしまう**のです。

邪気を寄せつけないためには、邪気の持つ負のエネルギーと同調しないように、心のガラクタを取り除き、ポジティブな考えを植えつけることがカギとなるのです。

オーラが美しい人と どんよりしている人の違い

細胞は常に振動している

邪気は、どのようにして自分と同じようなネガティブエネルギーを見分けるのでしょうか？

目に見えないことなのでなかなか理解しづらいものですが、じつは私たちの細胞は常にそれぞれの速さで振動しています。

その振動の速さ（＝周波数）がオーラと言われるものです。

そして、自分の細胞の振動の速さと近い人と一緒にいると、余計なエネルギーを最小限に抑え、効率よく心地よいフィールドが作られます。だから、自然と同じ周波数の人たち同士が集まるようになるのです。つまり、社内でもプライベートでも、気の合う仲間というのは同じ周波数の人たちなのです。

では、オーラがひときわ大きく美しく輝いているときの細胞は、どのような状態なのかというと、自由に思いきり楽しんでいるご機嫌な状態。

つまり、何ものにも邪魔されずのびやかに振動できていると、同じようにモチベーションの高い人たちと気が合うようになるので、前向きな気持ちもわいてきて、夢もどんどん叶うようになるのです。まさに、細胞の振動があなたを目指す方向へ動かしてくれると言えるでしょう。

逆に、**邪気の持つ周波数は非常に低く、振動も遅く停滞気味です。鈍い周波数は高い周波数とは交わることができません。**ですから、オーラが輝いている人とそうではない人が、仲良くなることはできないのです。

邪気たちのたまり場になりたくなければ、心のガラクタをためない生き方を心がけることが大切になるのです。

邪気がおびえる高速のオーラ

高い周波数の人のほうがいじめられやすい

オーラの周波数が近いとお互いに引き寄せあいますが、周波数が遠いと交わらないことは、前に述べたとおりです。

しかし、周波数があまりに違いすぎると、逆に接点が生じることがあります。

邪気は、キラキラと高速に活動するオーラがまぶしすぎて、邪魔で仕方がないからです。**自分たちの世界を脅かす光のもとを、どうにかして遠くへいかせようと画策する**のです。

それがいじめ、パワハラや虐待です。周波数の低い人は、周波数の高い人がそばにいるだけで落ち着かず、強い違和感を抱くこともあります。

いじめは「相手が憎い」という気持ちから始まるわけではありません。いじめる側の「私の不安やストレスを誰かわかって」という気持ちが、いじめという形で外に表れているのです。

一方、いじめられる側は、それを受け止めるだけの高い周波数を持った人です。ですから、いじめる側の思いをはねのけるくらいのパワーがあれば、ネガティブな思いに染まることなく、自分らしく生きることができるのです。

しかし、私たちは神様ではなく人間です。いじめられれば、心は不安定な状態になります。すると、高い周波数のオーラを持っていても、瞬間的な力のある強い邪気に押されてしまい、ネガティブに染まってしまうのです。

いじめやパワハラなどにあったら、まずは心の安定を確保しましょう。それから魂の声を聞くように心がけると、解決法がひらめくなど、神様はあなたがもっとも心穏やかに暮らせる方法を教えてくれることでしょう。

気持ちが不安定なときに行ってはいけない場所

見つかりにくい場所に集まる未浄化霊

邪気は私たちの周りにたくさん存在していますが、なかでも邪気と同じ波長を放つ未浄化霊の集まりやすい場所があります。それは、

- 夜の屋外（暗ければ暗いほど、人がいないところほどいます）
- 夜の海
- 地下やトンネル、真っ暗な場所
- 風の通らないところ
- 窓のないところ
- 法律や倫理を守らない会社

- 人が住んでいない空家（廃墟になった病院なども）
- 夜の神社

未浄化霊は自分たちがよくないものだということを自覚しているので、見つかりにくいような場所に集まり、そこを行動拠点にします。一人一人は非常に怖がりで、私たち人間と同じです。

ですから、もし「自分はまだ心のガラクタを整理できていないな」と感じていたり、今どうしても気持ちが不安定でイライラしているといった自覚があったりするときは、このような場所へ行くのは避けましょう。

近寄るだけで、たちまち負のスパイラルに取り込まれてしまいます。

自分自身がネガティブな感情を抱えているときに未浄化霊が憑いてきても、自分もネガティブな感情にさえぎられてしまっているので、なかなか気づくことができません。未浄化霊の集まる場所には行かないことが一番です！

宇宙の気を取り込むポーズをしよう

体全体を使って、宇宙の気を取りこんでみましょう。

楽な格好で床に座り、ソファなどに寄りかかって足をのばしリラックスします。手のひらを上に向け、中指の先から肩をつなぐ腕の内側のラインを空に向けるように意識しましょう。鼻で深呼吸をします。

吸った息が体全体にいきわたるイメージで。鼻から息を出すときはいらないものをすべて宇宙へ返すつもりで。

手のひらがピリピリしてくるのを感じたら、それは宇宙の「気」です。体も心もオープンにして、3分間くらい続けてみましょう。

第4章

心のダイヤモンドを見つけ出す「自浄力」

**本来のあなたの魅力を
輝かせる力を
取り入れましょう**

ガラクタを自動的に掃除する「自浄力」

心のガラクタを捨てて自動浄化力をアップ！

私が神様とさまざまな会話をした中で、神様がもっとも私に伝えたかったこと、それは――**お金持ちも貧乏人も、善人も悪人も関係なく、世界中の人たちみんなが同じように、心のガラクタを自動的に掃除する「自浄力」を持っていることに気づきなさい**――ということでした。

私たちは毎日の生活の中で、さまざまな困難にぶつかりますが、そのときに負の感情をガラクタとして残さず、自動的に浄化するシステムを持っているのです。それこそが自浄力で、誰もが神様から平等に授けられた力です。

自浄力が働いている人

自浄力が働いていない人

このシステムがきちんと機能すれば、心は安定し、夢を叶え、幸せな人生を送ることができるのです。

では、自浄力をつけるためにはどうすればいいのかというと、心のガラクタをためない生き方を日々心がけることにつきます（第5、6、7章に書きました）。私たちの魂は宇宙からの有益な情報を常にキャッチし、それを脳にアップさせる役割を果たしていますが、**心にガラクタがたまっていると、宇宙からの情報を受けとれなくなってしまいます。**

すると、望むことがわからなくなるので、魂の声が聞こえなくなって間違った方向に進み、さらにガラクタを増やす悪循環にはまって、自浄力不能に陥ってしまうのです。

だからこそ、魂の声を常に聞ける状態を作っておくことが大切。せっかくこの世に生まれるときに授かった自浄力ですから、それを発揮できる生き方をしたいものですね。

誰でも神様と会話をしている！

ひらめきこそ神様からのメッセージ

自浄力が働くと、魂の声が聞こえるようになると同時に、神様と会話をすることもできるようになります。ただし、友達と話をするような会話とはいかないかもしれません。私の場合もなんでも神様が答えてくれたわけではなく、私が何を感じ取るか、どんなひらめきがあるかを待っている感じです。

たとえば、神様から今日のテーマは「影」と与えられたとすると、私は自分の影をじっと見つめます。その間、神様は何も言いません。しばらくして私は気づきます。

「あっ！　影は影を映すものがなければ存在できません！」

「そう、つまり？」神様の満足そうな声。

「つまり、自分の負の部分を見せてくれる出来事や、間違いを指摘してくれる人がいて、初めて自分は反省できるのです。それを示してくれる人たちや出来事に感謝しなければなりません」

神様は満足そうに微笑み「それだけ？」と聞きます。私はさらに考えます。


「影は太陽に向かっているときには視界に入りません」

「そう、つまり？」

「つまり、順調なときは反省を忘れてしまいます。ですからうまくいっているときこそ、あえて太陽を背に歩く、朝なら西に向かって、夕方なら東に向かって歩いて、影を見る時間を設けるべきです。そのときにこそ気づくことがあるのだと思います」

神様はまた満足そうに微笑みます。

自浄力が働くとインスピレーションがわいてくる

私たちは頭に何かひらめいたり、なんとなく思ったりすることを軽視して、気に留めることもなく過ごしてしまいがちです。

しかし、じつはこれこそが神様との会話なのです。

神様は常に私たちにいろいろなメッセージを送ってくださっていますが、それを受け取れるかは、自浄力が働いているかどうかにかかっています。

自浄力が働き、魂の声が聞こえるような状態になると、インスピレーションがわいてくることが多くなるでしょう。それを無視することなく、神様からのメッセージだと思い、大切にしてみてください。

そして、ときには、「これってどういうことですか？」とあなたからも神様に話しかけてみましょう。すると、再びひらめきやインスピレーションで神様は答えを返してくれるようになるのです。

心のダイヤモンドはどん底状態の中にある

苦労して自分で探し当てたものこそ一生の宝物

失業して次の職がみつからない、親の介護に疲れきってしまう、連帯保証人になったばかりに借金を背負う、信じていた恋人に裏切られる……など、何も悪いことをしていないのにつらい目にあってしまう自分を不遇に感じ、「やっぱり神様なんていないんだ」と絶望することもあるでしょう。

じつは、そのような状況になる人は選ばれた人です。悲惨な状況を体験することで神様の存在に気づき、本当に魂が望むことがわかるようになるからです。輝くダイヤモンドが川底の泥の中から発掘されるように、**心のダイヤモンド**

も、思うように進めないどん底の状態の中にこそ隠されているのです。順調な生活の中からは、決してみいだすことはできません。

かく言う私も、神様と出会ったときは、離婚直後で本当に子どもたちを育てていけるのか、経済的・精神的不安でいっぱいの状態でした。

神様に「なぜ私のところにきてくださったのですか？」とたずねると「あまりにもかわいそうだったから」とおっしゃったのを覚えています。

何か思いもよらない問題が起きたとき、私たちは初めて自分に向き合えるものです。その、**見えないものを一生懸命見ようとする姿勢に、神様は喜んで力を貸してくれる**のです。

自浄力がうまく機能し、心の水が透き通ってくると、その奥底にキラリと光るダイヤモンドの粒が見えてくるでしょう。

神様は、苦労して自分で探し当てたダイヤモンドを手に喜ぶあなたの姿を、微笑みながら見守ってくれているのです。

魂は、みな金色に輝いている

可能性に満ちあふれた魂

魂は何色かご存じですか？

私は以前、会社の同僚の女性と話をしていた時、突然、彼女の姿がまぶしく輝き出して目をあけていられなくなりました。

彼女が太陽のように光り出したのです！

その光の正体とは……魂でした。神様が「これが魂の光だよ」と教えてくれたのです。そして神様は、**すべての人がこの輝きを自分の中に持っている**のだ、ともおっしゃいました。

その光は、昼間に見る太陽のように強く、美しく、すべてを可能にするパワーを秘めていました。まさに私たち人間の可能性そのものの輝きでした。

宇宙のエネルギーは魂に供給される

また、何年か前のことですが、休日の午後、ソファでぼぉーっとしていると き、突然自分の魂がロケットのように空へ打ち上げられたのです。

青い空をまっしぐらに進み、大気圏を越え、だんだんと暗くなる中、一瞬にして宇宙へと飛ばされました。

そこで私は3秒くらいゆらゆらと浮かんでいましたが、次の瞬間、また同じスピードで雲の層を落ちてゆき、自分の体に収まりました。

宇宙は私たちが見る映像と同じ真っ暗闇でしたが、その温かいことと言ったら。まるで母親の腕の中に抱かれている感覚です。

それは何の不安も感じる必要のない穏やかな空間でした。そしてこれまで感じたことのないキラキラした繊細なエネルギーに満たされていました。

この体験から、**私たちは魂を通じて、その宇宙にあふれる繊細でパワフルなエネルギーを常に供給されている**ことを知りました。

魂はすべての生きる源となるエネルギーに満たされると金色に輝き、思う方向に人生を進んでいくことができるのです。

魂へのエネルギーの供給は、生まれてきたときに一生送り続けられることが保証されています。ですから、どんなに困ったことがあっても、そのエネルギーをもってすれば、必ず解決できるのです。

このエネルギーをしっかり受け取って、魂の声を聞ける状態に保っておくことこそ、自浄力を発揮する最大のポイントになるのでしょう。

つまり、自浄力という機能の存在に気づき、それを上手に働かせるコツを知ることで、いくらでも幸せを手に入れることができるのです！

恋愛していないときのほうが成長する!?

神様は真剣に取り組む人に力を貸したがる

私たちの魂は、みな美しく金色に輝いて全能の力さえ持っているように見えます。けれど魂にもできないことがあります。それは恋愛活動です。

まず、魂には子孫を残すミッションが与えられていません。何より魂には体がありません。そして、魂はピンポイント的な好意の感情を持てません。完全な博愛主義者だからです。

「神様が降りてきた」という表現があるように、神様と私たちにはへだたりがあります。**精神的に天の世界とつながりやすくなるとき、私たちもまた、地上**

波とは違った周波数で反応しています。

私たちが何かに真剣に集中して取り組んでいるとき、その結果にかかわらず作業を積極的に楽しんでいるとき、そんなとき私たちの周波数は特別に繊細になり、そんな私たちに神様は力を貸したがっています。

神様や天波のつながりを一時的に断ち切る恋愛

一方、恋愛というものは「地上波」で行われるものです。

どんなに素晴らしい恋愛であっても、さまざまなネガティブな感情（「メールが来ないけど、どうしたんだろう」という不安や、「今すぐ会いたい」という寂しさ、「ふられたらどうしよう」という恐れなど）を抜きにしては成り立たないものです。

ネガティブなエネルギーの持つパワーは、瞬間的な強い衝撃が特徴です。神様や天波（宇宙エネルギー）とのストレートなつながりは、それらネガティブな感情に、いとも簡単にけちらされてしまうのです。

あなたが今、大きなプロジェクトや試験勉強などに取り組んでいたり、家などの大きな買い物、引っ越し先の選択など失敗したくないものにかかわっているのなら、恋愛モードを一時停止してみましょう。

「○○断ち」という言葉がありますが、**自分の好きなこと（地上波の煩悩）を制限して天波とつながり、神様の力を借りる試みは有効です。**

「ここまで終わったらデートを約束しよう」など時間の区切りをつけたり、やるべきことを先に済ませてけじめをつけたりすることで、神様はあなたを浄化のスパイラルへ導いてくれるでしょう。

今、恋人がいない人はチャンスです！

資格試験、新しい分野への仕事など積極的に挑戦してみましょう。きっと短時間で濃厚な結果が得られるはずです。

自浄力があればすべてのことは自分で解決できる！

お金を出せば無敵の人生が送れる？

浄霊師にお祓いをしてもらえば、心のガラクタは一度に整理できると信じてお願いをする人もいますが、それはちょっと違うかもしれません。

私のクライアントで、34歳になるF子さんは、占い師に「あなたには色情霊がついている」と言われ、ある浄霊師に5万円を払ってお祓いをしてもらうことにしました。

小一時間浄霊をした後、F子さんは本当にすっきりと晴れやかな気分になったそうです。そのとき浄霊師に、「まだ何体かついているから、あと2、3回は来た方がいいでしょう」と言われ、F子さんは再びそこを訪れ、また5万円を払って浄霊してもらいました。

すると浄霊師は「もう一度浄霊したら、あなたはきれいになりますから、そうしたらあなたの中に守護神様をお入れしましょう。30万円あればできます」と言ったそうです。

これを聞いたF子さんは、「これで無敵の人生を送れる！」と、とても心強い気持ちになったそうです。

生まれたときに授かった自浄力を信じよう

F子さんがなぜこのような高額なお金を出そうと思ったのかというと、霊や邪気は目で見えるものではないからです。

確かなものではないからこそ、視える霊能者になんとかしてもらおうと他力本願になってしまうのです。

しかし、これではただの依存になってしまいますし、魂は決して誰かに清めてもらおうなどと思っているわけではありません。

人は、可能性を受け取る手と、大地をしっかりと感じる足元が見えていればそれで十分なのです。それに、霊や邪気を見ることができないのは、見る必要がないので、神様があえて見えないようにしているのです。

そこには、「何か問題が起こったときに、その解決を外に求める必要はないということ」つまり、**「すべては自分で解決できるようになっているんだよ」**という神様からのメッセージが含まれているのです。

何かの不運や問題をご先祖の因縁や前世、宿命に求めてしまう前に、自分で解決できるのだということを忘れないでください。

生まれたときに授かった「自浄力」があれば、どんな問題が起こっても必ず解決できるし、自分の夢を実現させることができるのです。

本来そなわっている力を信じることで、素晴らしい未来が待っています。

第5章

自浄力が高まる「暮らし方」

魂を輝かせ
毎日を充実感で
いっぱいにさせましょう

1 自浄力の基本3要素を意識する

神さまが与えてくれたありがたい機能

前章までをお読みになって、自浄力を働かせることがいかに大切かがわかっていただけたかと思います。では、どうすれば心のガラクタを取り除き、自浄力を正常に機能させることができるのでしょうか？

それは難しいことではありません。**日々の暮らしの中で気づいたことをちょっと意識して実践してみるだけで、よい流れを作ることは可能です。**

そこで、この章では、神様から教えていただいた自浄力の高め方を紹介していきましょう。その中でも忘れてはいけないのが「自浄力基本3要素」。

①呼吸　②排泄機能　③睡眠の3つです。

私たちは酸素を吸うことで、魂を通して万物の元となる宇宙エネルギーを体内に取り込みます。それは自分の「気」となり、人生の原動力となります。

そして二酸化炭素を吐き出したり、排便をしたりすることで、不要に生まれた邪気を再び宇宙に帰していくのです。

また、質の良い眠りをとることは、心と体をリセットすることにつながります。前日嫌なことがあっても、翌朝目覚めると「よし、今日もがんばろう」と新たな気持ちで再出発できるのは、睡眠中、自浄力で心のガラクタを処理しているからにほかなりません。

ふだん当たり前のようにしている、呼吸、排泄、睡眠ですが、じつは神様が私たちに与えてくれた自浄力機能なのです。この3つが正常に機能しないと、私たちの心身はたちまち不調に陥ってしまいます。

だからこそ、自浄力基本3要素は大切にしなければならないのです。

2 呼吸で不安や恐れを吐き出す

体にたまった不要な思いは呼吸で排出する

深呼吸をするとなぜリラックスするのでしょうか?
私たちは空気を吸うことで宇宙からエネルギーを取りこみ、息を吐くことで体の中にたまった緊張、不安などの邪魔な思いを外へ排出するからです。

今、試しに深呼吸をしてください。
鼻から吸った空気が足のつけ根まで届く実感をもてるならパーフェクトです。心臓あたりで止まってしまうような感覚ならば、「呼吸が浅い」証拠。1日に何度か深呼吸の練習をしてみましょう。

体に取りこんだ宇宙からのエネルギーは、頭のてっぺんから背骨の通る位置にある宇宙とつながる中継地点、いわゆる「チャクラ」を通して体中に循環します。チャクラは、エネルギーを効率よく体中に送り届けてくれる換気扇（ファン）のような役割を果たしていると考えてください。

しかし心配事や悩み事で不安が大きくなると、ネガティブな思いが膨張してチャクラを圧迫し、調子よく回っていた、ファンの動きを止めてしまいます。

そこで、呼吸の際は次の3つを意識しましょう。

- 宇宙のエネルギーを吸いこんでいると思って吸う
- 体のすみずみまで空気をいきわたらせるように意識して吸う
- 不要な気持ちを宇宙に返すつもりで、体中の空気を吐き出す

呼吸は宇宙のエネルギーをいっぱいもらって、いらないものを神様に引き取ってもらう作業です。そのことを意識しながら呼吸をすると、チャクラのファンが回りだし、自浄力が働くようになるはずです。

3

鼻呼吸は自浄力をアップする

脳を冷却する鼻呼吸

あなたは鼻呼吸ですか？　口呼吸ですか？

鼻呼吸のほうが、バイ菌が体内に入りにくく健康的と言われていますが、じつはそのほかにも鼻呼吸が大切である理由を神様に教えてもらいました。

神様がおっしゃるには、私たちの脳はとても緻密《ちみつ》な働きをするためたくさんの熱を発していますが、**鼻呼吸をすることで脳にも風がいきわたり不要な熱をとってくれる**そうです。

たしかに鼻呼吸をすると、脳にも酸素がいきわたるような気がしませんか？

脳は私たちの司令塔ですから、脳が正常に保たれるということは心と体の健康にとても役立っているのです。

もうひとつ、鼻呼吸がいい理由があります。神様がおっしゃるには、鼻は呼吸をするための場所、口は物をおいしく食べたり、いい言葉や歌、笑い声など美しく楽しいものだけを出し入れする場所になっているそうです。

そのため、口で呼吸をしても自浄力は働いてくれません。そればかりか、ほこりやバイ菌、ウイルスなど、周波数の低いものも吸い込んでしまいます。

ですから、**呼吸をするときは、鼻で吸って鼻で出すようにしましょう。**

あくびは無防備に悪い気を吸い込んでしまうので、要注意！

あくびがしたくなったら、①口から息を吐き出す、②鼻から息を吸う、の順序を意識すると、口からよくないものを吸い込むことがなくなります。

慣れるまでは少し大変かもしれませんが、ぜひお試しください。

4

トイレに入ったらとりあえずいきむ

不安がたまると便秘・下痢になる！

大勢の人の前で発表する時間が迫るにつれておなかが痛くなる、会社に行こうとすると下痢になる、旅行をすると決まって便秘になる、やることなすことうまくいかないときに限って便秘で心身ともにスッキリしない……そんな経験はありませんか？

これは、不安という気泡が大量にたまった結果、腸にもその影響が及び起こる現象です。

便は、あなたの中の不要物（食べ物のカスや心のガラクタなど）を外へ出してくれる役割をもっています。

その不要物のかたまりをずっと持ち続けると、もちろん腐敗して悪臭を放ちはじめます。そこに、不安の気泡が腸を圧迫してしまうと、便秘が起こったり異常に細い便になったりします。

出口がつまっていれば入ってくるものも入ってこれません。幸運を招くためにも、便秘は極力避けましょう。

トイレに入ったら、便意がなくてもとりあえず腸の蠕動《ぜんどう》運動を促すためにいきむことが大事です。

それで**排泄できなくても「不要物を出したい！」という思いが体中に伝わるので、体はあうんの呼吸でそれを受けとめてくれる**のです。

一方、下痢は便秘と同様、不安の気泡がおなかにたまり、極端に腸を圧迫している状態です。この場合は、何が自分を不安にさせているのかを突きとめ、自分を安心させる作業が必要です。

5 夜の睡眠で浄化をはかる

よく寝ることが大切な理由

私たちは、1日のおよそ1/3、つまり、人生の1/3を睡眠時間に費やしています。これは何を意味しているのでしょうか？

神様は、睡眠時間が大切な理由を次のようにおっしゃいました。

——夜、寝ている間、意識がないのは、人生の重みから逃れ、リラックスするために必要な魂の活動時間だからです。リラックスしているときの私たちは、「夢に向かってがんばろう」「人生って素晴らしい」「人とコミュニケーションをとることは楽しい」など、前向きでオープンです。

そしてこれこそが、私たちが生まれると決まったときの、つまりお母さんのおなかに宿った瞬間の気持ちなのです――

私たちは誰もが「早く生まれたい」「楽しいことがいっぱいあるこの世に生まれてこられてラッキー」と思って誕生しました。

日常生活をしていると、そんなことはすっかり忘れてしまいますが、**睡眠で魂をリラックスさせることで、本来生まれてきたときの気持ちを思い出させて、浄化をはかっているのです。**

ときどき、何度も目が覚めたり、朝早く目覚めてしまったりする場合は、ストレスや心配事がある証拠。

そんなときは、心にひっかかっていることを紙に書き出して、具体的に解決策を考えてみましょう。

すると、邪気が排出されて質のよい眠りが訪れるでしょう。

6 布団は神様だと考える

毎日布団に入り、眠りにつけることに感謝する

夜、ふわふわの布団にくるまって眠るときは、至福の瞬間ですよね。

あなたをやさしく包み込んで、今日1日のすべての疲れを癒してくれる布団、そうです、布団は神様なのです。ですから次のことを心がけましょう。

- 布団を踏まない
- 布団に入って眠れることに感謝する

布団は神様ですから、踏まないようにしましょう。
睡眠は、私たちの体の邪気を外へと排出してくれる、神様が授けてくださっ

た神聖な行為で、「今日1日ご苦労様」と言ってくれる神様（＝布団）にくるまれて、眠りにつくのです。

このように考えると、〝眠る〟という行為が、とても神聖な儀式となります。布団に入る前に「今から浄化の儀式を行うんだ」と思えば、どんなにつらいこと、苦しいことがあった日でも、気持ちがリセットされていくでしょう。

こうして、**布団に入り、眠りにつけることに感謝することで、自浄力もどんどんついてくる**のです。悩み事の解決策も翌朝には現れていることでしょう。

そして、朝起きたら掛け布団をとって布団の湿気をとばしましょう。睡眠で外に排出された邪気は、布団に湿気となってこもっているからです。

ベッドメイキングや、押し入れに布団を入れるのは、しばらく湿気をとばした後で行いましょう。

休日など時間のあるときには、日光に布団を干して湿気を取り除きましょう。さらによい睡眠がとれるようになり、自浄力も高まります。

7

不安は怖い夢でデトックスされる

夢は心の状態を映す

夜中、夢にうなされて起きたという経験は誰にでもあるでしょう。夢の中で人を殺してしまったり、逆に殺されそうになったりなど、恐ろしい体験で目が覚めることもあります。

これは、自分のしたことへの罪の意識や、実際に体験した恐怖の思いなどがあまりにも大きすぎるため、心の中にしまいきれず表れたもの。

心配事や不安はそのままにしておくとどんどん増殖して、体いっぱいにふくらんでしまいますが、それらを形にして外へ排出する作業が「睡眠どきの夢」

のひとつの役目です。

怖い夢に限らず、印象があまりよくない夢も同じです。たとえば、今の仕事に行き詰まりを感じているときに、暗闇を不安になりながら歩いている夢を見たとしたら、目に見えない「不安」という心のガラクタを、見える形として浄化してくれている証拠。

ですから、このような夢を見た日はスッキリしていることが多く、転職を決意するなど心が決まったりもします。

魂やご先祖様などからのメッセージ性が強い夢は、嫌なイメージはなく目が覚めてもはっきり覚えていたり、しばらくして突然思いだしたりするものですから、それらは大切に書き留めておくといいでしょう。

このように夢による浄化を意識していくと、自分の潜在意識のガラクタの詰まり具合や、魂やご先祖様からのメッセージがわかるようになるので、自浄力も働くようになってきます。

8

「笑顔」のパワーで邪気を遠ざける

自分に結界を張ってくれる笑顔

本当はさみしさや怒りでいっぱいなのに、強がった発言をして、それを感じていないふりをしたりしていませんか？

このようなことを繰り返していると、潜在意識にしまいこまれた本当の感情がドロドロに発酵してしまうので、同じ波動をもつ邪気が集団になってくっついてしまいます。

邪気をたくさん引きつれて歩いているなんて、考えただけでもゾッとしますね。これでは自浄力はおろか、幸せもはねのけてしまうだけです。

反対にまったく邪気がついていない人たちもいます。

この人たちの共通点は「笑顔」です。常に笑顔でいる人の周りはきれいなバリアが張られ、重い念の邪気とはまったく無縁の世界で暮らせるのです。

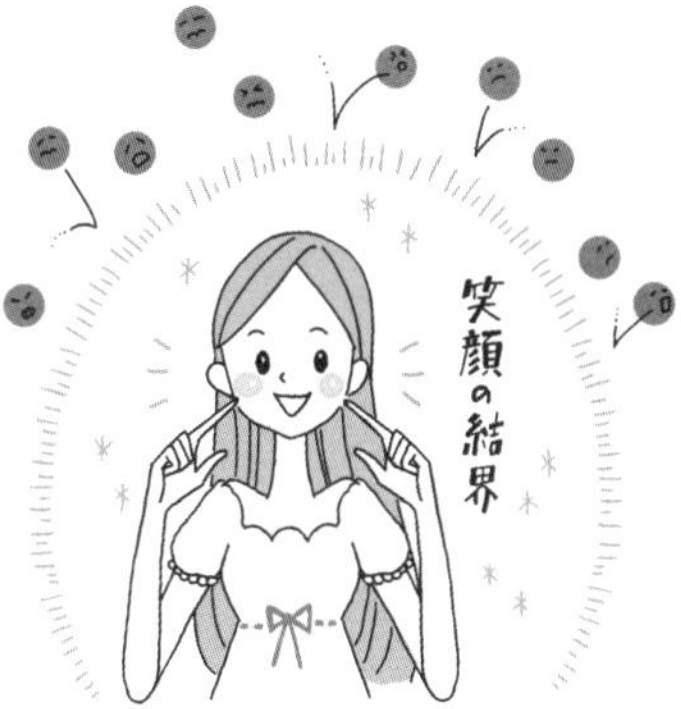

笑顔は自分に結界を張ってくれると同時に、相手にとりついた邪気を鎮める効果も持っています。

落ち込んだり、不安を感じているときに笑顔でいることは難しいことですが、そんなときこそ笑顔をつくってみてください。邪気をはねのけるためにも、とっても大切なことなのです。

笑顔は、神様が私たちに平等にくれたパワフルな自浄力のひとつだと、覚えておいてくださいね。

9 風邪をひいたら「がんばったね」と自分をほめてあげる

気が緩んだときの風邪は、心の安定サイン

よく気が緩んだときに風邪をひきますよね。これにはちゃんとした理由があります。私たちは不安や心配事があると、ネガティブな気泡が増殖し、それが体の中を圧迫しはじめ、全身の巡りを悪くします。

これがいわゆる緊張状態です。

ところが問題が解決し、安心すると、体中の管がゆったりと開き始めるので体の中の流れが再開します。このとき、血流などが急激に流れ出すので不快感を伴います。これが風邪です。

つまり、**気が緩んだときにひく風邪は緊張状態がほぐれた証拠ですから、健康に戻ったサイン。**

風邪の症状が出たら、それだけ体に負担をかけてしまっていたんだと、ねぎらってあげましょう。それと同時に、「リラックスできて良かったね」「がんばったんだね」と自分に声をかけてあげましょう。早く回復できるはずです。

このようなメカニズムが働いているので、常に緊張している人、反対に何が起こっても「まあ、いいか」と思える人は風邪をひきません。

後者の場合はよいのですが、問題は前者の場合。

血流などが滞っているので、そのことを自覚しておくことが大切です。「そろそろ要注意だよ！」というときは、魂が体の痛み、特に、胃腸の痛みや頭痛などを通して教えてくれます。

そのときは体の痛みを無視せず、自分の生活や心を振り返ってみましょう。原因に気づき「気」が通るようになれば、体の痛みもなくなるでしょう。

10 体内を常に新鮮な水で満たす

邪気を溶かして流し去る水の効果

「水分はしっかり補給しましょう」
「水は体にいい」
などと言われていますが、なぜ水分をとることは大切なのでしょうか？

それは、**水は波動を吸収するという特質があるため、心のガラクタや負の感情などの邪気も水に溶かして、流し去ることができる**からです。

体内に水分が十分にあると、不要な感情や不安は、体内の水分に吸収されて尿や汗としてスムーズに排出されていきます。排泄をするとスッキリしますが、それは体内の不要物を排出したため。こうして、体の不要物を取り払い、幸運が入るスペースを作ってくれるのです。

一方で、水の入ったペットボトルに「ありがとう」と書いておくと、ありがとうの持つ波動を吸収しておいしくなると言われるように、私たちの発した言葉や考えがポジティブであれば、体内の水分はよい波動を放つ水となって、体中を巡ってくれます。

このように、体内に水分を補充しておくことは、何よりもの浄化になりますから、新鮮な水をしっかりと補給しましょう。

新鮮な水で満たされている人のオーラはとても明るく大きく見えるものです。

また、仏壇に供えたお水も邪気をよく吸いとってくれますから、毎日変えることで、お部屋を浄化してくれます。

ただし、邪気を吸い取った水なので、決して飲んだり植木にやったりしないこと。「ありがとう」と感謝の気持ちを添えて排水口に流しましょう。

11

肉や魚はおいしくありがたくいただく

罪悪感を持ちながら食べると贅肉になる

豪快な黒マグロ漁のドキュメンタリー番組を見ていたときのことです。釣り上げられた大きなマグロが突然しゃべりだしました。

「他の何者かに食べられるなら全然悔しくないけど、人間だけは嫌だ！」

「は？？」

私はそれまで食物連鎖で餌食になるものは、かわいそうだと考えていましたが、それはある意味、傲慢な考えだと思い知らされたのです。

「人間は獲るだけとって残して捨てるから、人間だけには食べられたくない」

画面のマグロは、悔しさでいっぱいになりながら、そのまま船上に釣り上げられていきました。

動物たちは食べられることに関して決して嫌がっているわけではありません。とはいえ、生態系で食物連鎖の頂点にいる私たちが、すべてを好きなようにしていいということでもありません。その知性と優しさで生態系の円滑な循環を司らなければならないのです。

お肉やお魚が食べたければ、食べてもいいのです。

ただし、**「生きていたときの姿を思い出さない」「食事として『おいしい!』ということに集中する」「残さない」の3つを心がけましょう。**

罪悪感を持って食事をすると、食べたものはすべて不要物となり、体内に沈殿して贅肉となってしまいます。

与えられた食事は幸せを感じながら食べましょう。すると、その思いが幸せを取り込んでよいエネルギーとなり、心身を浄化してくれるのです。

12

栄養よりも直感で食べたいものを選ぶ

「食べたい」と思ったものを食べる

女性であれば、ダイエットでキレイに痩せたいと誰もが思うことでしょう。ダイエットにはさまざまな方法がありますが、健康的に痩せようと思えば、栄養バランスが大切になってきます。

栄養バランスを考えるダイエットや食事療法はとても素晴らしいと思いますが、もしそれがストレスになっているようならおすすめできません。

特に完璧を目指す人ほど、ひとつでも栄養素がとれなかったりすると納得がいかず、食べている間も今日の反省と明日のメニューに没頭してしまいがち。

ご飯の味なんてどうでもよくなってしまいます。

何かにとらわれて無理やり食べることは、気持ちと体を硬くして入ってくるエネルギーを拒否し、不要な贅肉を作ってしまうだけです。

それよりも、多少バランスは悪くても「おいしいね！」と笑顔で食べることのほうが大切。**笑顔でおいしくいただくと、そのおいしさはエネルギーとなり、また多少体によくないものが入っていたとしても、それを外へ出そうとする自浄力も大きく働いてくれる**のです。

食べるときは思う存分楽しんでいただきましょう。食べ物もあなたのその喜びを感じ取って、おおいに役に立とうと張り切ってくれるでしょう。

必要なものはいつだって魂が教えてくれます。

栄養を考えるよりも「食べたい！」と強く思ったものがあったら、ぜひ食べてみましょう。そして「おいしい！」といって幸せを感じてくださいね。

13 気持ちに余裕がないときほどジンジャー・ミルクティーを飲む

しょうがパワーで体も心もホカホカ

神様は食べ物に関して、しょうがをとてもおすすめしています。

しょうがは古来から薬としても用いられてきたように、体を温める作用があると同時に、冷えた心も温めます。

心が温まると、人にも自分にも温かい言葉や笑顔を与えることができるので、そのリラックスした状態は周りにも伝わり、穏やかに過ごすことができるようになるでしょう。

ぜひ、いつもの料理にほんの少し、しょうがを加えてみてください。

手間でなければ、すりおろしたもののほうがおいしくなりますが、チューブのしょうがでもかまいません。

アイスティーなど冷たい飲み物に混ぜるときは、常温ていどでいただくと、体と心の冷えを防止するので自浄力が働きやすくなります。

さらにリラックスをしたいときは、ジンジャー・ミルクティーがおすすめ。牛乳としょうが、お砂糖をまぜて作りますが、牛乳にはリラックス効果につながる物質が含まれていて、心の安定に作用します。
気持ちに余裕のないときこそ、ぜひジンジャー・ミルクティーを飲んで、心に穏やかさを取り戻してくださいね。

14

嫌なことがあったときはお酒を飲まない

大きな不安はアルコールに依存させる

あなたはお酒をどんなときに飲みますか？　つらいとき、苦しいとき、嫌なことがあったときにお酒を飲むと思っているなら要注意です。

相談にいらしたTさん（51歳・男性）は、アルコールが手放せなくなってしまいました。そのきっかけはリストラ。49歳の時、勤めていた外資系の会社が日本撤退を決め、退職を余儀なくされたのです。

家のローン、高校生と中学生の娘の教育費、そして自分のプライドなど……すべてが重くのしかかり、アルコールに頼る毎日になっていきました。

Tさんの顔は異様な土気色で、かなり悪い状況にあり、病院では血圧の薬を毎日何種類と処方されていました。

それでも、キッチンには安い焼酎の瓶が山積みで、奥さんとは毎日のように言い争う日々。娘たちも精神的に不安定な毎日を送っていました。

深刻な状況にあるTさんに、どのようにカウンセリングをしていこうかと考えていたとき、神様から次のようなアドバイスが聞こえてきたのです。

――毎日のお酒の量は減らさなくてけっこうです。その代わり、1滴も飲まない日を1日だけ作ってください。何か飲みたくなったら温めた白湯を飲んでください。そして、そのような日を少しずつ増やしてください。

もうひとつ、**絶対に否定する言葉を使わないように。アルコールに依存する原因は大きな不安です。ですからその不安を取り除くことで改善します**――

私はTさんに「今までがんばってきたのだから絶対に大丈夫。仕事もすぐ見つかるし、何も心配いらない」と励まし、とにかく不安を取り除くことと、お酒を飲まない日を作ることを心がけるように伝えました。

1か月後、Tさんにお会いすると、顔色もよくなり、血圧も下がったとのこと。お酒の量も明らかに減らすことができたと喜んでおられました。

お酒は楽しく、幸せな気分のときに

では、お酒はどんなときに飲めばいいのでしょうか？


それは、うれしいことがあったとき、楽しい気分のときです。

前にもお話ししたように、「おいしい」「楽しい」と思って食べたり飲んだりすると、それはよいエネルギーとなってくれます。お祝い事の席は、明るい話題やにこやかな笑顔が、邪気の持つ負のパワーを打ち消してくれるので、お酒の持つエネルギーを最大限に生かすことができるのです。

一方、つらく不安な時にお酒を飲むと、不安とアルコールが結びついて強力なマイナスパワーを生んでしまいます。

不安が増殖され、悪い妄想がつくり出されてしまうので、邪気もつきやすくなり、どんどんマイナス思考になっていくでしょう。

もともと感じていた「恨み」「悲しみ」「自責の念」は、アルコールによってさらに大きくなり、自分自身を見失わせてしまいます。

邪気を浄化できるのは「楽しい気」「うれしい気」です。ですから、**お酒を飲むときは、うれしいことがあった日や、楽しい気分のときだけ**にしましょう。

嫌なことがあったときはお酒を飲まないように徹底することで、アルコールの毒素を吸収せずに済むのです。

15

家以外の場所では靴をぬがない

エチケットやマナーを守ると浄化につながる

リラックスしたいとき、電車の中やオフィスで靴を脱ぎたくなりませんか？特に足に合わない靴を履いた日や、足が蒸れるような暑い日は、ところかまわず脱いでしまう人もいるでしょう。

なぜ靴を脱ぎたくなるのかというと、足裏はエネルギーの出入り口だからです。特に疲れているときは気の巡りが滞っているので、靴を脱いで足裏から使い古しの気を出したいと、無意識に思ってしまうのです。

しかし、だからといって公共の場で靴を脱ぐという行為は、あなたのネガティブな気を周りに放出しているようなもの。脱ぐべき場所までガマンしましょう。

そして、**家に帰ってから足裏をマッサージしたり、足つぼふみにのったりして、足裏を刺激してください**。気の通り道に風穴をあけることができるので、不安、イライラなどが解消されていくでしょう。

もうひとつ、ぜひ足のエチケットとして覚えておいてほしいことがあります。それは、**人でも物でも何かをまたいではいけないということ。私たちの〝また〟は邪気の出口だからです。**それを人に向けるというのは、相手に対して汚物を吐しゃするようなこと。人はもちろん、物に対しても同様です。

エチケットやマナーを守ることは、浄化につながりオーラをキレイにします。マナーやエチケットが身につき、自然にこなせるようになるころには、自浄力もフル回転しているはずです。

16

心のガラクタを増やす番組は見ない！

画面から邪気が放出されている！

芸能人の離婚話、不倫や三角関係の話、相続争いの話……ワイドショー番組や週刊誌の定番の話題です。

私たちはなぜ他人の不幸話を好んで見るのかというと、人の悲しみや苦しみは快感を生み、一時的に楽しい気持ちにさせてくれるからです。

しかし、それはすぐに消えてしまいます。そのため、あなたの中に不安や苦しみが存在すると、それをかき消そうと、楽しい気分を求めてゴシップ依存にはまってしまいます。

それと同時に、人の不幸を聞くことによって「不幸なのは自分だけじゃない」と安心し、偽物の幸せを感じようとするのです。

また、争いをする人や、トラブルに巻き込まれた人には邪気がついています。**テレビや雑誌の中の出来事であっても、邪気は画面や誌面から放出されているので、邪気であふれた世界に自ら触れていることになります。**まさに、真夜中の心霊スポットに行ってしまうようなもの。

特に、子どもといるときになんとなくワイドショー番組をつけておくのはやめましょう。子どもは純粋なので、あっという間に邪気に囲まれてしまい、大人よりも、悪い影響が大きく出てしまいます。人の不幸や悪い話は、〝見ざる・聞かざる・言わざる〟が一番です。

17

七福神様の存在に気づいて家を笑いで満たす

家をパワースポットにする

ある日のこと、隣の部屋から何やら人の気配がしたので、のぞいてみると、なんとお宝を担いで打ち出の小槌をもった恵比寿様がいるではありませんか！そして周りには、その他にも大勢の神様、七福神様が笑っていました。

そしてこう言うのです。

「私たちはどこの家にもいるんだよ。でもね、みんな気づいていないいんだよ」

確かにそのとおりです。私も今まで、自分の家に七福神様がいるとは、考えたこともありませんでした。しかし、誰の家にも家を守ってくれる神様がいるからこそ、私たちは家に帰ってくると、ホッとすることを理解したのです。

では、神様たちから恩恵をあずかるにはどうしたらよいのでしょうか？

それは、**家を笑顔と笑い声で満たすこと。そして「この家が大好き。この家にいると落ち着く」と声に出して伝えること**です。

もし、今不安を抱えてとても笑える状態じゃない、家族内で喧嘩やいがみあいが多いというのなら、七福神様に「もっと笑いの多い家にするために助けてください」と真剣にお願いしてください。

すると、誰かから知恵をもらったり、ひらめきがあったりといろいろな方法であなたを助けてくれるでしょう。あなたが本気で願う限り、必ず解決策を授けてくれますから、答えが出るまであきらめず、信じることが重要です。

外のパワースポット巡りだけでなく、家もパワースポットにしましょう。そうすることで、魂はエネルギーを充電し、自浄力も高まっていくのです。

18

家庭の中にゴールデンサークルを作る

子どもは親を助けるために生まれてきた

ゴールデンサークルとは、笑いと幸せが循環するエネルギーのこと。

子どもが笑顔で楽しく安心して暮らせる家庭には、ゴールデンサークルが存在していますが、それには、親が楽しく幸せでいることが必要不可欠です。

というのも、子どもは親を助けるために「この親の子どもになろう」と、親を選んで生まれてきたからです。

ですから、親に心配事、不安、怒りなどのストレスがあると、子どもはそちらにエネルギーを使わなければならなくなるので、笑顔や子ども本来の力が発揮できなくなります。

たとえば、子どもを一流大学に入れたいなら、塾に行かせるよりも、両親にストレスがなく、笑顔でいることが第一条件。家庭内にトラブルがあると、子どもはそのフォローにエネルギーを使い、勉強に集中することができません。

また、子どもは親を助けるために、親自身が気づいていない本当の気持ちを鏡のように映し出すことがよくあります。

シングルマザーのI子さんは、経済的に苦しいため夜も仕事をしていましたが、小学生の一人娘が原因不明の熱を出すようになり、夜の仕事を辞めたところ、娘の熱はウソのように引いたそうです。

これは、本当は夜の仕事はせずに娘のそばにいたいと思っていたI子さんの潜在意識が、子どもを通して現れた結果でした。

子どもに心配をかけない生き方をしましょう。家の中にゴールデンサークルを作ることは、自浄力を高めることにつながっていくのです。

19

ふと浮かんだ数字や歌は神様からのメッセージと受け止める

単なる偶然と思うこともすべて意味があること

数字も言葉もすべて神様からのメッセージツールのひとつです。

たとえば、あなたは転職を考えているとします。周りの人は「今はやめとけ」「どうせ無理だよ」などいろいろ言いますが、どうしてもあきらめきれないという場合、神様はあなたがわかるようにメッセージを落としてくれます。

そのひとつが歌。

あなたの知っている歌のフレーズが頭に浮かんだり、タイミングよくテレビやラジオから流れたりします。

それが「自分の道を貫け」系や「負けないで！」系だったりしたら、誰かなんと言おうとその道を信じて進んで大丈夫というメッセージ。逆に、「ちょっと待って」系の歌なら、今は時期ではないというメッセージだったりします。

歌以外に数字もよくメッセージツールとなります。

以前、頻繁に「3」の数字を見るようになりました。時計、買い物の金額など……。そのとき、「3」という数字が大好きだったY子の顔が浮かびました。そこでY子に電話をかけると「ゆきえちゃんにすごく会いたかったの」と言うのです。まさに、Y子が私に会いたいというメッセージを「3」という数字で送ってくれたのです。

このように、ふと浮かんだ歌や数字は、神様はもちろん、ご先祖様や、誰かの思いがあなたに何かを伝えたいときに現れたりします。

日常生活で気づいたことは「単なる偶然」で終わらせず、すべてに意味があると感じましょう。神様や人の思いとつながることで、自浄力もアップします。

ストラップやアクセサリーを磨いて幸せを受け取ろう

携帯やバッグにつけたお気に入りのアクセサリーやストラップ、マスコットなど……。あなたがいつも一緒にいたいと思い、定期的に磨いたり洗ったりして大切にしていると、彼らはとても喜びます。

そして、あなたのために幸せを受け取ったり、あなたを邪気から守ってくれたりするようになるでしょう。

第6章

「自浄力」をもっと高める習慣

心がクリアになると幸せが舞い込みます！

20

悩んだときは、神様にどんどん質問する

シンクロニシティは神様がくれた贈り物

自浄力を高めるためには、自分を見守ってくれる神様の存在をいつも感じながら生きることが大切です。困ったときも必ず神様がついていてくれることを信じて前に進めば、道は拓《ひら》けるものです。

そして、神様も自分の存在をわかってもらおうと私たちにアピールするために、必死でプレゼントを贈っています。

その種類は2つ。

ひとつは、**「シンクロニシティ（不思議な偶然）」**であったり、**「まさかの奇**

跡」。片思いの彼が振り向いてくれた、将来の夢につながる出会いがあったなど、「まさか！」と思う出来事が起こったら、単なる偶然ではなく、すべては神様がくれるプレゼントです。

神様はシンクロニシティを通して、「その調子！」とエールを送ってくれているので、それが起きたときは神様への感謝を忘れないでくださいね。

困ったときは神頼みをする

もうひとつのプレゼントは、**苦しくてつらい出来事**です。

なぜそれがプレゼントなのかというと、「今の苦しさの中にダイヤモンドが隠れているよ、さあ、見つけられるかな」という神様の意図があるからです。

答えを見つけることは大変ですが、手に入れたときの感動は比べものにならないほど大きく、自浄力も数段レベルアップするでしょう。それがわかっているからこそ、がんばり屋のあなたに特別なプレゼントを贈っているのです。

でも苦しい中で冷静に答えを見つけるのはなかなか大変です。

考えてもわからないときは、神様に直接質問してみましょう。

「このことで私は何を知るべきですか？」

30分後にひらめきという形で答えが落ちてくることもあります。テレビや雑誌、家族の言葉に乗せて運ばれてくることもあります。一週間後にふと気づくこともあります。自浄力が働いているほど、その時間は短くなるでしょう。


もし、それでもわからないときは、泣き叫びましょう。

「わからない！　どうしていいのかわかりません！」

「もっとわかるように教えてくれないと困ります！」

そうすると神様は少しずつわかるように答えをくださいます。

神様だって大好きなあなたとお話ししたいと思っているのです。だから努力をしているあなたが言葉を投げかけてくれたら、喜んでヒントをくれるのです。

21

つらい出来事が起こったら「プレゼント・パーフェクト」と唱える

「今」は魂と二人三脚で導き出したベストな選択

自浄力の働きを妨げるもののひとつに「後悔」があることは、説明したとおりです。それも後悔が大きければ大きいほど、過去の決断や言動に罪悪感を持ってしまい、すべてを否定してしまう結果になります。

さらに、自分自身を否定してしまうと、もう一歩も前へ進めなくなります。

3人の息子を育てあげたCさん（52歳）は、深い後悔に襲われていました。末っ子の息子に腕の障害があり、左手で物をつかむことが困難だったため、気の毒に思う気持ちから、すべてのことをやってあげたり、欲しがるものを片っ端から買い与えたりしました。

その結果、末っ子は感情をコントロールすることが困難になり、不登校に。Cさんはそれが自分のせいだと深い罪悪感に襲われ、20年たった今も「なぜあんなことをしてしまったのだろう」と自分を責め続けています。

私たちは時間がたたなければわからないことがあります。きっと今のCさんであれば、なんでもやってあげたりなんでも買い与えたりはしないでしょう。しかし、20年前は、まだ経験や知恵もなく、それがもっともベストな選択だと思ってしたことなのです。

私たちは決断を迫られると、今自分が持ちうるすべての情報網を駆使して、その決断を下します。**どんな決断であっても、その時点においては、魂と二人三脚で導きだしたベストな決断であり、あなただけの責任ではないのです。**

それが「今」をつくっています。

現在は神様からのプレゼント

英語で「現在」のことを「ｐｒｅｓｅｎｔ」といいます。

これは神様からのプレゼントだからです。

過去完了とは「過去」がありそれが「現在」のもととなっている、そして、素晴らしい「未来」へと続いている、というあなたの生きた期間すべてをありのまま肯定する時制です。それを英語で「ｐｒｅｓｅｎｔ ｐｅｒｆｅｃｔ（プレゼント・パーフェクト）」といいます。

過去からつながる今こそが神様からの完璧なプレゼントで、未来に続く正しい過程なのです。何も間違いなどありません。安心して今を過ごしてください。


少しでも昔のことが気になったり、後悔や罪悪感を抱いたときは、「プレゼント・パーフェクト」と3回唱えてみましょう。

きっと、神様の笑顔が浮かんでくるはずです。

22

ペンディング事項をリストアップして実行する

不安の気泡は目に見える形にして排出

不安の正体とはなんでしょうか？

それはペンディング事項、つまり、やらなければいけないのにまだやれていない事柄です。

「できるだろうか、どれくらい時間がかかるだろうか」「邪魔が入ったらどうしよう」などと不安が膨らむと、ナンセンスな悪い妄想へと至ってしまいます。

そんなときは、心の中の不安を目に見える形にして、体の外に排出しましょう。どのように排出するかというと、いたって簡単！

紙とペンを用意します。チラシの裏でも便せんでも、なんでもOK！

ここに、やるべきこと・心配なこと・気になっていることを書くだけです。
□明日は8時までに会社へ行く
□今週中に企画書を作る
□こないだ電話で言いすぎたことを、母親に謝る
□メールの返信を出す　など
内容も、期日も関係なく書き出します。実行できたら、□にチェックを入れましょう。この**リストに載っているものがあなたの不安の気泡の正体です。**


こうして言葉にしてみると「な〜んだ、これならできそう」と思えることも多いのですが、頭の中で考えているだけだと不安になってしまうのです。

もし、できなくても大丈夫。外へ出して不安を浄化することが目的ですから。

書き出して実行できたら、神様に「ありがとう」とお礼を言って、その紙をたたんで捨てましょう。

23 黄色の蛍光ペンを使って魂を喜ばせる

気になる箇所は黄色のマーカーでどんどんなぞる

会社の同僚と話しているとき、突然魂が輝き出した話は、冒頭マンガでもお伝えしましたが、魂の輝く光は太陽とまったく一緒です。

それが黄色の蛍光ペンの色にとてもよく似ています。


そこでまず、デスクカレンダーをすべて黄色の蛍光ペンで塗ってしまいましょう。非常にパワーがみなぎってくるのがわかると思います。

また、**勝負の日や何かをキメたい日も、黄色の蛍光ペンで手帳を塗りましょう。魂が色に同調し、相乗効果を生み出してくれます。**

黄色の蛍光ペンは日常生活の中でも活用できます。リストのチェックや、書類の重要項目、請求書や家計簿などに活用すると、間違いが減り、判断が的確になります。

家計が苦しいと相談にやってきたHさんに、家計簿で予算オーバーの欄を黄色でマークしてもらったところ、さっそく浪費が減ったと教えてくれました。

読んでいる本も、気になる箇所はどんどん黄色いマーカーで色をつけましょう。日記をつけている人は、うれしいことを書いた箇所に黄色いマーカーをひいて、神様にうれしさをアピールします。すると、もっといいことがたくさん舞い込んでくるようになりますよ。

新聞にもどんどんマーカーをひきます。見たいテレビ番組、気になる記事や言葉……家族でシェアすることで家族のゴールデンサークルもいっそう輝きを放ち、家の中が浄化されパワースポットとなります。

だまされたと思って、ぜひやってみてください。その効果に驚くはずです。

24

メールするのはグッドニュースだけ

悪いことを伝えるときは電話か直接会って伝える

メールでのきつい言葉に傷ついたことはありませんか?

相手の気持ちを考えず、自分の感情のままを言葉にする人は、一時的に邪気がついていますから、距離を置かなくてはなりません。それと同時に、あなたも相手に心ない言葉を送信していないか、振り返ってみましょう。

メールで伝えることができるのはせいぜい5W1H(いつ、どこで、だれが、何を、なぜ、どのように)まで。感情や雰囲気を伝えるのはとても大変ですし、正確に伝わらないこともありますですから、メールをコミュニケーションツールのメインに置かないこと。

特に、悪いニュースを伝えるときは、形に残らないように電話か直接会って話しましょう。

メールはとても便利なツールではありますが、自分の思いをそのまま伝えるためには、相当の技術を要しますし、感情のおもむくまま書いてしまっては、自分にも相手にも邪気を放ってしまいます。

ただし、**いいニュースは言葉に残るようにメールに乗せて送ってもOK。**もちろん電話や直接会って話すのも大歓迎ですが、うれしい気持ちをダイレクトに話すことに照れを感じる人は、文字にすると素直に伝えることができます。

また、うれしいことは文字に残したほうが、何度もその余韻に浸れるので、メールをするときはよいニュースだけを送ると、心に留めておいてください。

相手の心を気遣い、相手に喜ばれる言葉を発することができたとき、あなたの自浄力もさらに働くようになるのです。

25 メールの返信は「きたらすぐ」が原則

その日のうちに解決することが浄化の基本

仕事のできる人はメールの返信が早いものです。

これは、相手を待たせ余計な心配や負担をかけることが、不要な念となって自分に返ってくることを知っているからです。

特に、明らかに返事を待っているとわかる場合に返信を怠ると、かえって自分のエネルギーを無駄遣いすることに。


その日にきたメールは、その日のうちに返しましょう。それが相手の安心につながり、相手の安心がこちらの安定をつくるからです。

また、その日にあった出来事はその日のうちに解決することが浄化の基本。ひと言でいいので返信しましょう。物事をその場その場で完結させていくことこそ、素敵な未来に向けてエネルギーを使うことにつながるのです。

返信に関して、もうひとつ神様から教えてもらったことがあります。

それは、**返信のシンは神様の「シン」であること。返事とは相手に出すのではなく神様に出すものだと感じてみましょう。**

「忙しくて返信する暇がない」と言う人もいますが、このメールのやり取りが神様としているものだと思ったら、早く返信しようと思えますし、大切に心をこめて言葉を選べるのではないでしょうか。

それが回りまわって、必ずあなたに幸せをもたらします。

惜しみない返信をすることで、あなたのメールに友達や恋人などの言葉を借りて神様からの便りが届くようになるでしょう。

26

地味なルールや道徳をひたすら守る

罪悪感は心の奥底に沈殿する

あなたはルールや道徳をきちんと守れる人ですか？

誰も見ていなくても赤信号なら止まって待つ、「ご自由におとりください」と書かれた箱に飴がたくさん入っていても、後の人のことを考えて1個だけいただくなど。

誰も見ていなければわからない、「ご自由にどうぞ」と書いてあるなら何個とってもいい、と思われるかもしれませんが、魂はルールに非常に敏感です。

なぜなら、ルールや道徳は神様が作ったものだからです。

昔話はまさにその象徴で、善行を積む人は幸せになり、悪行を重ねる人は不幸になるように、地味なルールや道徳を守らないと、心の底に罪悪感が沈殿して、いざというときの足かせとなる、ということを教えてくれているのです。

あなたがもし自分に許された可能性を120%発揮したいと思っているのならば、まずルールを守りましょう。法律から、恋人同士の約束まで……どんなささいなことでも気にしてみてください。

どうしても守れないときはその理由を考えてみましょう。魂と話し合い、納得した上でルールを破るのであれば、罪悪感は生まれません。

仏教の十戒に「不偸盗（ふちゅうとう）」という教えがあります。これは盗みをしないということを意味したものですが、人の物をとるだけが盗みではありません。人の目を盗むこともまた同様です。

人の目を盗まなければできないこと、人に言えないことを少しでもなくしていくことで、毎日を軽やかに進んでいくことができるのです。

27 光に近い色の洋服を着て気持ちをポジティブに変える

花柄の洋服を着ると幸せがやってくる

あなたは黒い洋服をたくさん持っていませんか？

たしかに、黒は他の洋服に合わせやすく、便利な色です。また、着こなしによってはカッコよく見えますし、体型も引き締まってみえます。派手な色を着るよりもなんとなく安心できる気がします。


しかし、黒を選ぶとき、私たちの心は少し不安定なことを意味します。

黒は自信をつけるために利用する色でもあるので、裏を返せば自分に自信がない証拠。心にガラクタがたまっている状態です。

黒は光だけでなくエネルギーも通さない色なので、せっかくの幸せも跳ね返してしまいますし、あなたの輝きもさえぎります。
では、どんな色の服を着ればいいのでしょうか？

おすすめの色は、光を思わせる明るい色（ゴールド、バニラ、パステルカラー、薄いピンクやオレンジなど）や、花柄の服です。

光に近い色は魂の色にも近いので、魂の輝きに同調しやすく、魅力が伝わりやすくなります。透明感やツヤ感のある生地なら、よりベスト！
一方、素敵な出会いに恵まれたいと願う女性には、花柄の服がおすすめ。
花柄は女性に似合う模様で、男性の足りない部分を補う作用があり、男性が強くひかれる柄なのです。

こうして明るい色や美しい模様の洋服を身に着けることで、その日の気持ちをポジティブに変え、ネガティブな感情が生まれにくくなるのです。

28 毎朝7色から「これだ」と思う色をインスピレーションで選ぶ

自分に足りない色を補ってくれるカラー

今、気になる色はありますか？

特にないという人は比較的安定していますが、赤や黄色が気になる人は少し元気が必要かもしれません。

というのも、**私たちは無意識のうちに、今自分に足りないものを色のエネルギーで補おうとしている**からです。

それでいうと、赤は前へ進む力を与えてくれる色、黄色は心につかえた余分なものを取り去ってくれる色なので、赤や黄色を欲するということは、もっと勇気や決断力が欲しいと思っているのでしょう。

このように心理状態と色は密接に関わっています。

そこで、少し心配事があるとき、疲れているときは、あなたが気になる色を考えてみましょう。そしてそれを身にまとったり、その色の食べ物を食べたりしてみると、身体が回復してくるのを感じるはずです。

普段から着たいもの、食べたいものを意識しておくことは、右脳と左脳がバランスよく活動する理想的な状態を作ります。

気になる色が浮かばないという人は、虹を構成する7色（赤、青、黄、緑、紫、橙、藍）のものを用意しましょう。ハンカチや靴下、クリアファイルなどなんでもかまいません。手軽に手に入れられるもので十分です。

そして、朝、仕事や外出などで出かけるときに、その7色の中から「これだ」と思う色のアイテムを身につけたり持ち歩いたりしましょう。

それだけで、元気がわいてくることを実感できるはずです。

29

傘のグレードをあげる!

あなたは「端っこ」で評価される

あなたはオシャレをするとき、どこに一番お金をかけますか? 洋服、それとも、ヘアースタイル?

しかし、皮肉なことにあなたを評価するものは、ティーカップの扱い方、足のそろえ方、髪の毛先の痛み具合、爪先、くつのかかとなど、心臓から遠いところのものたち、つまり「端っこ」なのです。

人は自分の心臓から遠いところに意識を持っていくことが苦手です。

その中でも特に傘の扱い方は重要。**どんな傘を持ち、傘をどのように扱って**

いるかによって、あなたの女性としてのレベルがわかります。

傘はあなたを雨という「災い」から守ってくれる頼れる王子様です。ビニール傘では、ビニール傘なみの王子様しか現れてくれません。

そしてたまにしか使わない傘にお金と気持ちをかけることができるかどうかによって、あなたの評価が決まります。

また、お気に入りの傘で雨を受け止めることで、暗くなりがちな気持ちもポジティブに変わるでしょう。

傘に配慮をすることで、雨の日に前向きな気持ちになれれば、傘と同様、レベルの高い王子様が現れるのも時間の問題ですね。

30 心の声は付箋で流す

解決したりスッキリしたら、お礼を言って捨てる

不安、怒り、お願い事……など、私たちは心の中でさまざまなことを思い浮かべますが、心に浮かんだことはすべて心の境界線を越えて外に出たい、形にしてほしいと願っています。そのため、それを放っておくと心のガラクタとなってあなたを重くしてしまいます。

そんなときは付箋を使って心のガラクタを排出しましょう。

神様は、「紙」は「神」を表しているとおっしゃいます。つまり、**人前では言えない心の声をすべて紙（神）に落として処分してもらうのです。**

たとえば、ショックを受けた気持ち、心配事、お願い事、自分を励ます言葉、解決したい問題、反省、決心など、なんでもそのまま付箋に書きます。「ひろくん、なんで無視するの？　悲しい」「そんなに落ち込まないで！」「なくした鍵がみつかりました！（解決したい問題は、すでに解決したように書きます）」「感情的になってごめんね」「今日は仕事をがんばる！」「神様、いつもありがとうございます。今私が直すべきところはどこですか？（質問したり、お願いしたりするときは、先にお礼を述べてから）」など。

付箋は小さくて、カラフル、大きさもいろいろそろっています。固定されることなくどこへでも貼り付け可能で移動でき、不要になれば、すぐに処分できる点でもすぐれています。

色は中間色の緑がおすすめ。緑色は感情を邪魔しないニュートラルな色なので、記入する付箋の色として適しているからです。

付箋の大きさは書く量によって変えられるように、大・中・小とそろえてお

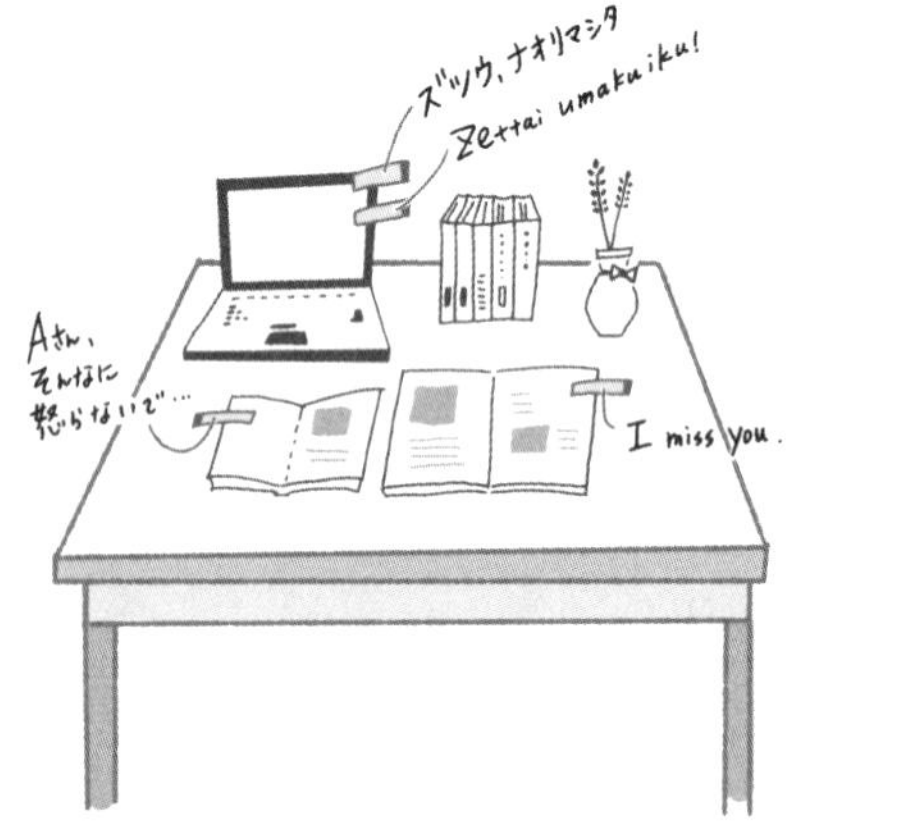

くといいでしょう。

ダイアリーや専用のノート、パソコン周辺や冷蔵庫など、身の回りに貼って、気持ちが収まったり、願い事が叶ったり、解決したりしたら、「ありがとうございました」とお礼を言って、折りたたんで処分します。

逆に、**叶えたい夢、固定・安定させたい願いは、流動性のない手帳にしっかり書くのがおすすめ。**

私の机の周りは付箋でいっぱいです。ただし、人目につく場所に貼る場合は、自分にしかわからない「自分語」で書きますが（笑）。

こうして、心の声は付箋が持ち去ってくれるのです。

31

お経を唱えて気を整える

霊も落ち着くお経の響き

お寺に行ったり写経をしたりして、心が静まった経験をもつ人は多いでしょう。

じつは、心が落ち着くのは人間だけではありません。霊もお経を聞くと落ち着くのです。**お経には「気」を整える作用があるので、余計なものが落ち、すっきりと安定した気持ちになる**のです。

ある日のこと、むしょうにお経が聞きたくなったので、般若心経のCDをかけたところ、突然涙が滝のように流れ出てきて、お経が終わる頃にはスーッと気分が楽になり、何ともいえない安心した気持ちになりました。翌日わかったのですが、その時間、知人が突然の自動車事故で亡くなっていたのです。私が感じたのは、その知人の霊の安らぎたい気持ちだったのです。

他にも、般若心経のＣＤを急に聞きたくなることが何度かありました。そのたびに、集まってきた霊はみな、ワンコーラス聞くと満足していました。仏壇やお墓で唱えると、ご先祖様も大喜びです。

心のガラクタもみるみる逃げていく！

また、お経は霊だけでなく、心のガラクタとしてたまったネガティブな思い、邪気を排出するためにも効果があります。特に邪気は、私たちの不安定な心の隙につけこんできますから、**疲れていると感じるときは、心の中の邪気に向かって一心にお経を唱えればたいてい抜け出ていきます。**

気が整うことで邪気の居場所がなくなり、結界を張ることにもつながります。
そこで、効果的なお経の唱え方をお教えしましょう。

1. 集中すること。余計なことは一切考えず、読経に専念する。
2. 体を振動させながら、お経の持つ独特の音階と抑揚を楽しむ。
3. 恥ずかしがらず、本物の和尚さんになったつもりで読む。
4. お経の声を体の中の邪気に向ける。お経が聞きたい、写経をしたいと思うときは邪気がついているときなので、「お前がいることはわかっているんだ、無駄な抵抗はやめてでてきなさい!」くらいの強気な態度で、拡声器を使っている感覚で唱えてみましょう。

ちなみに、お経ならどのお経でも効果は同じです。自分の宗派のお気に入りのお経でも、代表的な般若心経などでもかまいません。また、「ありがとう」のひと言を何度もくりかえし唱えることも、お経と同じ効果を持ちますよ。

自浄力がアップするコラム✦3

赤と白のアイテムを取り入れる！

色にも、長所と短所がありますが、赤と白の長所を上手に生かすと、運気にリズミカルなウェーブを作り、幸運をつかみやすくなります。

赤

私たちに原動力をくれる一方、強い感情を表します。元気になりたいときは、スカーフや靴下など、身につけるものに赤を取り入れるといいでしょう。また、自分の決心や熱意を再確認したいときは、ノート、手帳、ペンケース、ファイルなどの文具に取り入れるのもおすすめ。

白

自分の魅力を外へアピールしてくれる色ですが、その光のまぶしさが周りと一定の距離を作ることも。人から遠ざけておきたいものや、自分のプライドを表しているものに白を選ぶといいでしょう。たとえば、携帯、PC、車、家具、食器など。合コンなどでは白いドレスで“高嶺の花”感をアップできます。

第7章

神様を味方につける生き方

**あなたの望むものが
ピンポイントで
手に入るように！**

この世の経験はすべて宝

肉体にできて魂にはできないこと

人生は悩みでいっぱいです。しかし、神様は何があっても困らないように私たちに「自浄力」という機能を持たせて現世に送り出してくれたことを忘れてはなりません。

以前勤務していた会社の同僚○さん（32歳）は、人生に希望を見いだせず自殺をしてしまいました。私がお葬式に参列したところ、空から自分のお葬式を見た○さんが、慌てて私のところへやってきました。

そして「両親が、兄弟が、あんなに泣いて悲しんでいる。自分はなんてことをしてしまったんだ！」とパニック状態になっているのです。

家族にどんなに「泣かないで、ごめんね」と謝っても自分の声は届きません。まるでマジックミラーのように、○さんからは家族が見えますが、家族からは○さんを見ることができません。

後日○さんは「自分の家族にひと言謝りたいから声を貸してくれ」と頼んできました。断りましたが、○さんは一歩も引かないので頼みを引き受けることに。○さんのお父さんが電話口に出た瞬間、私は○さんになり、電話口で何度も「お父さん、ごめんなさい！」と号泣していました。それはあまりにもとりかえしのつかない悲しい叫びでした。

体がなくなると五感で表現することはできません。だからこそ、この世で五感をフルに使って手に入れる宝ほど貴重なものはないのです。

どんな困難にあっても困ることがないように、神様が持たせてくださった自浄力。それを大切にしながら生きていくことが問われるのです。

現実を投げ出さなければ新しい扉は開く

神様は前向きに歩もうとする人に許可を与える

神様は私たちが一生懸命、前を向いて生きようとすると、「もうそれ以上つらい目にあわなくてもいいよ」と許可を出してくださることがあります。

これは、中学校教師Mさんの話です。Mさんの夫は、同じ学区の小学校に勤務していましたが、ある日、夫がある事件で書類送検されてしまいました。事件は地方紙にも大きく載り、Mさんは自分の職場のこと、子どもたちのこと、謝罪や慰謝料のことなどでパニック状態になってしまいます。

職場や近所の目は予想以上に厳しく、Mさんは一家心中まで考える苦悩の日々を送りました。しかし、自分は夫の気持ちを考えもせず、いかに傲慢な妻だったかを反省。事実を受け止めもう一度やりなおそうと決意したのです。ところが、その3日後、Mさんの夫は再び同じような事件を起こしてしまったのです。Mさんは夫に失望し、子どもを連れて離婚する決心をしました。

一見、Mさんにとって救いようのない事件に思われますが、じつは「もう別れたい」という魂の気持ちをくみ取って、神様が許可を出した結果です。

2章でもお話ししたように、離婚はしないにこしたことはありませんが、Mさんは**自分を反省し、現実を受け止め再出発しようと決心したことで、「もうこれ以上は苦しまなくていいよ。よくがんばったね」と神様が新しい扉を開いてくださったのです。**

悲惨な状況にあるときこそ、「他人のせいにしないで、そこから何かを見つけ出そう」と心がけてみましょう。その現実を投げ出さない純粋な気持ちに、神様はきちんと応えてくれるのです。

人生をやり直しても必ず今と同じことを選択する

魂は常にベストの選択をしてくれている

家をキレイにしたいと思えば、今あるものを整理・処分することはもちろんですが、「余計なものを買わない」というのも鉄則ですよね。

それと同様に、自浄力が働くと、たまってしまった感情の片づけはもちろん、初めからガラクタになりそうな余計な感情を持たないようになります。

そのためには、まず**自分が自分以外の人間にはなれないことを認識することが大切。**

幸せそうな人を見て「あの人は仕事も、周りの人間関係も恵まれていてうらやましいなぁ～」と思う事もあるかもしれませんが、じつは今、あなたが置かれているシチュエーションは、そうなることが決まっていたのです。

もし、あなたが今、納得のいかない現実に苦しんでいて「人生をもう一度やり直していいよ」と言われたとしても、私たちは必ず同じことを選択します。

それは**今のあなたにとって、ベストの選択であることを魂は知っているから。常に自分を磨きたい、もっと可能性を引き出したいと、全力で願った結果なのです。**

そのことを頭に置いて、もう一度自分の人生を振り返ってみましょう。

すると、自分は人生の貧乏くじをひいてしまった……と思っていた人も、「魂はベストの選択をしてくれているんだ」と思えるでしょう。無用な心のガラクタをためることもなくなります。

こうして自分のことがなんだかいとおしくなってくると、自浄力が正常に働き始めるようになるのです。

思考フットワークを軽くしておく

心の中の余分なものを手放す

いつも明るく周りに人が集まってくる人に共通していることはなんだと思いますか？

それは、思考フットワークが軽いこと。つまり、考え方が柔軟なことです。

では、**考え方を柔軟にするにはどうしたらいいかというと、まず心の中の余分なものを手放すことが必要不可欠。**

日々生まれる感情をその場その場で整理するクセをつけている人は、自分の身に起こったさまざまな出来事を客観的に見ることができるので、ひとつのことにこだわることなく、柔軟な考え方ができます。

この思考フットワークの軽さを身につけることができれば、もう何が起こっても大丈夫！

誕生日に彼とデートをする約束をしていたのにドタキャンされた、仕事を探してるのに全然面接までたどり着けない……。

そんなときも、「彼はきっと仕事が忙しくなっちゃったに違いない」「自分に合う会社がまだ見つかっていないだけ」と、ポジティブに物事をとらえることができるので、心を穏やかに保つことができるのです。

このように、思考フットワークを軽くしておくことは、自浄力を働かせる大切なポイントとなります。

自浄力が働くと、何事もポジティブに考えられるようになるので、自然に心にも余裕ができてくるでしょう。

こうして、あなたの魂の望む声が聞こえるようになるのです。

ネガティブな感情がわいたら共感してあげる

ネガティブな感情は心の調節弁

人格があるのは私たち人間だけではありません。1章でもお話ししたとおり、感情にも人格があります。

特に「悲しい気持ち」や「つらい気持ち」は泣いていますから、慰めてあげたら安心します。「怒り」の感情には、「ほんとむかつくよね！」と、共感してあげたら納得するのです。

なかには、ネガティブな感情を持つことを大人げないと感じる人もいるかもしれません。しかし、そのことに罪悪感を抱く必要はまったくありません。

私たちはそうやっていいものと悪いものを同時に持つことで、バランスをとっているからです。

ですから、くたびれているとき、不安なときに現れるネガティブな感情はあなたの心の調節弁で、気持ちの安定に欠かせない感情です。ネガティブな感情はあって当たり前、ためなければ問題ありません。

ネガティブな感情がわいたら、まずは大変だった自分を認めてあげて、共感してあげましょう。

こうしてよいものも悪いものも区別することなく、すべての存在価値を認めることができるようになると、神様はあなたに力を貸してくれるようになるのです。

人をうらやむよりも自分の人生を歩く

誰でもみな同じ量の困難を抱えている

ある晩、テレビでバレエ番組を見ていたときのことです。

「あぁ～、私もあんなふうにカッコイイバレリーナだったら、人生は輝いて素晴らしいものだったのに……」とぼんやりと考えていました。

そのときです。体中に苦しみが走りました。

「なんで？？　何これ？」

そのとき、私は世界的に成功を果たした有名なバレリーナになっていました。

そして、レッスン室の大きな鏡の前で、どうしても感情を表現しきれない場面に苦しんで、何度も何度も同じステップを踏んでいるところでした。

その姿は汗にまみれ、顔は苦しみにゆがみ、ただひたすら孤独と戦っていたのです。1日何十時間にも及ぶ厳しいレッスンと、世界の舞台を舞う大きなプレッシャー。私の感じたものはそれらがひとつになった重みでした。

私たちは、華やかさ・カッコよさだけを見てうらやましいと思いがちですが、その水面下での努力は、できる人ほど苦しみをともなうものであることを、神様は私に見せてくれたのです。

そして、**どんなに成功している人であっても、それは自分が抱えるものとほとんど何も変わらない大変さを抱えていること、いいことも努力すべき量もみな同じであること**を教えてくれました。

カッコイイ人は決して人をうらやみません。大切なことは自分自身の人生をしっかり歩くこと。それが究極のカッコよさなのです。

他人を批判するよりも自分のことに集中を

人を詮索することほど愚かなことはない

神様は優しく、どんな人に対しても何度でもチャンスをくださる、絶対に裏切ることのない、あえてたとえればマザー・テレサのような存在です。

そんな神様に一度だけひどく叱られたことがあります。


それは、ある知人女性が、よく当たるという高名な占い師に占ってもらったという話を聞いていたときのことです。彼女は手相に病気の相があると言われ、不安を感じていました。

しかし、彼女の話をよく聞いてみると、その占い師は不安をあおるようなことを言いつつも、けっこうな鑑定料をとって、かなりもうかっているというのです。

私は「人を不安に陥れてもうかるってどういうこと？」と傲慢にも他人の収入のことまで考えていました。

そのときです。私に稲妻のような悪寒が走りました。それは長い間続く悪寒でした。そして神様は**「人のことは詮索しなくていい。人を笑ったり、批判する資格などだれにもないのだよ」**と教えてくれたのです。

神様からのそれ以上の言葉はありませんでした。しかし、その代わりに批判した占い師の念とつながってしまい、相手の生霊がことあるごとに私のところに飛んできては、批判された怒りをぶつけてきたのです。

人をむやみに詮索し批判することは、エネルギーを不毛に費やすのと同時に、相手の生霊を引き寄せることになりかねません。

「限られた貴重な人生、自分のことに集中してあげて」――神様はそう教えてくれたのです。

私たちには「現在」しかない

一度体験したことを思い出させてくれるデジャブ

「あれ、この場所、前に来たことがある気がする」
「このシチュエーションってなんだか覚えがある」
など、今起こっていることが、前にもあったと感じる体験はありませんか？

これをデジャブと言いますが、じつは、それは実際に一度体験していることなのです。

「そんなわけない」と思う人がほとんどだと思いますが、天界の「現在・過去・未来」は、私たちの時制とはまったく違った展開をします。私たちは過去の一日一秒を積み重ねたピラミッドの頂点である「現在」に立っていると同時に、自分で決めた「未来」という道を「なぞる旅」もしています。

願う夢がぶれない、やりたいことがビジョンとして何度も現れるというのは、一度体験したことをなぞって進んでいるので、無意識に確信をもっているのです。それを神様がときどき思い出させてくれるのがデジャブ。

「今のままで大丈夫だよ。心配しないで」と声をかけてくれているのです。

一方で、あなたが今苦しい状況にいるのなら、このなぞるべき未来への道が見えなくなっている状態です。**私たちが触れることができるのは「今現在」だけです。今現在へのかかわり方で未来は変わってきます。**

「地に必死、それこそが天に必至」

これは私が神様からもらった大切な言葉のひとつです。今、目の前にあることに必死に取り組むことが、夢を叶えてくれることにつながるのです。

自分を信じ、他人を信じる

相手の魂が向かう先を一緒に応援できる人になろう

「うちの息子、40歳になるけどまだ結婚できないの。どうしましょう？」

「また転職したなんて、どうするつもり？」

「結婚して5年もたつのに、いつになったら子どもをつくる気かしら……」


こんなふうに、自分以外のことでやきもきしている人はいませんか？

しかし、魂はみな、思うところがあってタイミングを見計らっています。ですから、相手の問題は相手を信じて任せてみること。

そうすることで、自分だけでなく相手の負担もぐんと軽くしてあげることができます。

こうして、物事をポジティブな面でとらえる事が当たり前になってくると、ねじれた考え方やネガティブなとらえ方が自分にそぐわなくなってきて、違和感を持ち始めます。そうなったら、しめたもの！

ポジティブな思いによって、エネルギーがより高質なものになるので、不要なものをためこまず身軽になっていきます。

心が軽くなると、健康も、お金も、いい仕事も、素敵な人間関係も、もれなくついてくるようになりますよ。幸せは外から調達するものではなく、自分から泉のように湧き出てくるものだとわかるのです。

幸せになる近道は、相手の魂が向かう先を一緒に見つめて応援してあげること。こうして相手のペースに任せて温かく見守れるようになれたとき、相手から感謝されるだけでなく、あなた自身も欲しいものをピンポイントで手に入れることができるようになるのです。

神様の作った流れに身を任せる

否定することをやめて相手のいい部分を見つける

幸せを目指しているのになかなか手に入らない人は、「地に足をつけてしっかり踏ん張って歩む」ことが必要不可欠だと思っているのかもしれません。

しかし、そこにこだわっていると、さまざまなことに柔軟に対応できず、幸せになかなかたどりつけなくなってしまいます。


そんなときは、私たちは神様に与えられた雲に乗っていると思ってください。

雨や風、気流の影響で違う方向に流れてしまうかもしれませんが、気流の動きそのものが宇宙の流れでもあるので、その流れに逆らわずふわふわと浮かんでいる様子をイメージするのです。

神様の作った流れに乗っていると感じ、安心した気持ちで進むこと――これこそが、幸せへの最短ルートなのです。

雲に乗りこんだら、誰か（何か）を否定するような言葉を使ってはいけません。神様は、「この世に存在するものすべてが、だれかの癒しとなっていて、不必要なものは何もない。なくすべき悪はあっても、それさえだれかの必然があって存在する」とおっしゃいます。

ですから、好き・嫌いはいったん脇に置いて、とにかく否定することをやめましょう。「あの人の服のセンスどうしちゃったんだろう？」「ああいう言い方をする人ってみんなに嫌われて当然！」……そんなふうに思ったときほど、相手のいいところを見つけましょう。

こうして物事をポジティブにとらえると宇宙の流れに乗れるので、こちらからアクションを起こすまでもなく、望んだ奇跡が次々に起こり始めるのです。

誰でもソウルメイトに守られている

宿命の人がもたらす役割とは？

運命と宿命という言葉がありますが、運命とは、その日の風の状況、つまり、あなたの気持ちや考え方次第でどうにでも変わるもの、宿命とは自分では動かしようのない最初から与えられた状況のことを言います。

では、ソウルメイトとは、「運命の人」か「宿命の人」かというと、宿命の人を意味します。

宿命の人なので、幸せな関係というよりは、仕事や恋愛でのライバルだったり、つらい親子の関係だったりなど、あなたにとって嫌な相手である場合も多

いのです。

社内で上司からパワハラを受け続けてきたT子さん（31歳）から、正社員としてせっかく入った会社だけど辞めようかと悩んでいると相談をうけました。自分だけ会話から外されることは日常茶飯事で、いやみや皮肉ばかりのつらい毎日に、職場にいく意欲も失っていました。

ところが、カウンセリングの最中、T子さんの魂の周りにそのパワハラ上司の姿が現れました。彼はニコニコ笑って、自分はT子さんと今生出会う約束をしていたソウルメイトで、T子さんに会社を辞めさせる役割を割り当てられたのだと言います。

「T子さんがここで学ぶことはもう終わったよ」

そう言って彼は手を振っていました。

私は彼女に、上司はソウルメイトであり、つらく当たるのもあなたにとって必要なことのようだ、という旨だけを話しました。

間もなくT子さんは、ふさわしい職場を見つけて転職したと報告にきてくれました。そのときパワハラ上司の魂が、満足そうにしていたのが印象的でした。

一方で、T子さんはこのパワハラ上司に、パワハラをすることの不快感を反省させることで、相手の成長を促すという「お礼」をしたのです。

ソウルメイトとは、このように苦痛を与えることで成長を促す「嫌なヤツ」のほうが多いものなのです。

運命の人はあなた自身が見つけるもの

宿命の人は出会うことが決められた相手ですが、運命の人はそうではありません。運命の人は、あなたが選ぶ人です。

ですから、76ページでお話ししたように、自分がどんなオーラの周波数を出しているかによって出会う人も変わってきます。

そうなるともうおわかりかもしれませんが、**幸せな関係を築ける運命の人と**

の出会いを邪魔しているものとは、心のガラクタにほかなりません。

ガラクタを手放さなければ、「類は友を呼ぶ」で、今の自分と同じような低い周波数の相手が寄ってきます。

あなたがもし恋愛に恵まれないと感じているなら、自分を「重く・暗く」するものを知って、それらを持たない習慣をつけることです。

そうはいってもなかなか考え方を変えられない、という場合は、今失いたくないもの——家族、恋人、仕事、ピアノ、愛犬など——を数えて、その喜びをかみしめましょう。

そうすることで、心のガラクタが消えていくのを実感できるはずです。

運命の人はすぐそばにいる！

潜在意識に刻み込まれた結婚に対する嫌悪感

運命の人に出会っていたのに、気づいていなかったというケースがあります。

クライアントのN美さん（38歳）は、自分の結婚相手は、「年収1千万円超、イケメン、スポーツマン、同性の友人が多い、浮気を絶対にしない人……」などあらゆる条件をつけていました。

そしてこの条件に当てはまった男性に出会うやいなや、性格が合わないにもかかわらず、豪勢なセレブ婚をあげて結婚したのです。

ところが幸せは最初の3か月だけ。二人は言い争いが絶えず、心は別々の生活を始めます。

じつは、N美さんが結婚を決めた頃、N美さんにプロポーズをしてくれたM君がいましたが、結婚がうまくいかなくなってからというもの、M君の夢ばかり見るので、もしかしたら、相手に恨まれているのではないかと心配していました。

しかし、そこには意外なからくりがひそんでいました。ときはN美さんの幼少期にさかのぼります。

N美さんの父親は浮気癖があり、常にいろいろな女性との問題が絶えず、ときにはそれらしき女性と母親が電話で口論しているのを聞くなど、幼いころから母親の悲しみや怒りを受け止めて生きてきました。

そして、そのことがN美さんの心に男性に対する不信感、結婚に対する嫌悪感を植え付けてゆくことになったのです。

「好きな人と結婚しても、浮気をされて悲しい思いをするくらいなら、好きでもない人と結婚したほうが、何が起こっても気にならないだろう」

それがN美さんの出した結論だったのです。

N美さんの潜在意識はこう言っています。

「あのとき、プロポーズしてくれたM君をふったのは、ふられる恐怖を味わいたくなかったから。でも、私が本当に好きだったのはM君だった」

N美さんはその言葉を聞くなり号泣し、長い間泣き続けていました。

このように、幼少期に起こった出来事は、癒されないでいると、大人になっても潜在意識の中に残ってしまうのです。

心の傷に気づいてあげると欲しいものが見えてくる

では、幼少期に受けた心の傷に気づき、傷を癒すためにはどうすればいいでしょうか?

それはとっても簡単。幼少期から独立するまでの間の、親やきょうだいとの関係を思い出すだけです。

「本当はもっとわがままを言いたかった」「もっと親に抱きしめてほしかった」など、本当はどうしたかったのかをあぶり出すと、心のガラクタが出てきます。

心のガラクタは「気づいてくれてありがとう」と笑顔で飛び出し、浄化されていくでしょう。

次に、余計なものがなくなった心が、本当に必要としているものは何かを考えましょう。

たとえば「運命の人に出会いたい」と思っているとすれば、その人に求めるものは、年収の高さなのか、それとも、穏やかな心の持ち主なのか、など。

その純粋なエネルギーは、同質のエネルギーを自然とひきつけるので、本当にあなたの思う「運命の人」が目の前に現れるでしょう。

トイレを掃除する

トイレを掃除すると幸せになれるという話はとても有名ですが、それはなぜなのでしょう。

トイレは、尿や便という形であなたの心の中のガラクタを排出し、それを受け止めてくれる場所です。ネガティブな感情は呼吸（P.104）や怖い夢（P.114）によって宇宙に直接お返しすることができますが、便にとじこめられた不要物は物質なので、直接宇宙にお返しできません。それを受け止める場所がトイレなのです。

ですから、宇宙とつながるトイレを掃除するということは、神様とのつながりを育むことと同じ。無心にトイレを掃除し、「不要物を受け止めてくれてありがとうございます」と感謝することで、幸運の流れがやってくるでしょう。

第8章

自浄力がつけば
幸せは最速でやってくる！

恋愛、仕事、お金、人間関係……
すぐそこに
幸せは待っています

クリアになった心には最速で幸運が舞い込んでくる

本当の気持ちを置き去りにしていた自分

これまで自浄力を高めるための方法や考え方についてお話ししてきましたが、ここからは自浄力を身につけた結果、どのような幸せを手に入れたのか、クライアントや知人の体験談をお伝えしたいと思います。

まずは、相談内容で一番多い恋愛問題について。カラーコーディネーターを目指して勉強中のＯＬ、Ｒさん（29歳）のお話です。

Ｒさんには付き合っている彼がいて、彼との結婚を考えていましたが、なかなかプロポーズをしてくれないと悩んでいました。

初めて相談にきた頃のRさんは、不安になるとさまざまな占い師に見てもらっては、心を決められずにいたのです。

その中の一人の占い師に手相を見てもらったところ、「あなたはあまり男性運がよいほうではない。離婚の可能性もあるので結婚相手には気をつけるように」と言われたそうです。

そんなある日、Rさんが自分の手のひらを見つめていたときのこと。

その手のひらは、ふっくらと柔らかで、手相や、手のひらのくぼみ・ふくらみの吉凶などみじんも関係ないほど、何かを受け取ろうと温かなオーラを放っていることに気づきました。

その瞬間、Rさんは占い師の言葉をすべて忘れ、彼のことを思い出して、涙が止まらなくなりました。

「自分の気持ちはどこへ行ったの？」「自分はどうしたいの？」「それを自分にきちんと聞いたの？」

そのとき、確かに魂の声を聞くことができたのです。そして、Rさんの心は決まりました。

「好きなら好きだと伝えよう。ダメならダメでいいじゃない。結婚したいと思える人に出会えるなんて、私はなんて幸せなんだろう……」

あふれる涙もそのままに、Rさんは彼にメールをしたそうです。【今度いつ会える?^□^】。

自浄力をつけるうちに、人に進路を決めてもらうのはもったいないと気づいたRさんは、その後、「彼と結婚に向けて準備を始めたところです」と、満面の笑みで報告に来てくれました。

自浄力は、自分で自分の幸せを勝ち取るため、魂の声に沿ってまっすぐに導いてくれたのです。私もこの報告を受けてうれしい気持ちでいっぱいになるとともに、**自分の心で動いてこそ、初めて本当の幸せを手に入れることができる**ことを、改めて教えてもらいました。

心が整理されると理想の男性がやってくる

パーフェクトな男性が本当に現れた！

秘書のHさん（35歳）は、誰と付き合っても長続きしないという悩みを抱えていました。そこで、彼女の潜在意識に入って幼児期の記憶をたぐると、そこには愛人を持った父親と、そのことで幼い頃から異性に対して不信感を抱くHさんの深層心理が見えてきました。

今まで、ふられるたびに自分が悪いのではないかと自信をなくし、自責の念でいっぱいだったHさんは、自分だけが悪いのではないということを知り、自浄力をつけるように毎日努力をするようになったのです。

そして、「こんな男性に出会う！」という目標を積極的にリストアップして、それを毎晩読み上げていました。

Hさんの作った男性リストは次のとおり。

1. 背が高くイケメンのスポーツマン。もちろんセレブと呼ばれる人
2. 芸能人や著名人に多くの知り合いがいるすごい人脈の持ち主
3. 国籍不問、ただし、日本語でコミュニケーションがとれる人
4. タバコは吸わない、音楽のセンス抜群、アートから国際情勢まで幅広い知識を持っている人
5. 外国と日本を行き来する会社経営者。居住地は横浜か都内ベイエリア、乗っているのは左ハンドル

こんなできすぎた人いるわけがないと、苦笑しながらの読み上げでした。ところがそれから半年後、なんと奇跡が起こります。

ふと誘われた人数合わせのパーティでHさんが紹介されたのは、まさにリストどおりの男性。パーティが終わった頃、その男性からさりげなく「送りましょう」と誘われ、乗せられた車は左ハンドルの外国車。

彼はアメフトをたしなむスポーツマンで、ドイツに住んでいたこともあり、アラブの石油王が訪日の際にはエスコートした経歴もあるという、Hさんのリストを総なめにしたパーフェクトな男性でした。

彼女は驚きのあまり、生れて初めてほっぺたをつねったと言います。

Hさんは**心のガラクタを整理することで、本当に自分が望む男性との出会いを手に入れることができました。**

そして何よりも、「自浄力を高めれば何でもできるはずだという自信を与えてくれた」と心から実感しているようです。

自浄力はあなたが望む幸せを叶えてくれる素晴らしい力です。その与えられた力を十二分に働かせることで、思いどおりの人生を送ることができるのです。

本当にやりたい仕事を教えてくれた魂のメッセージ

頭に浮かんだひらめきを大切に

自浄力が働き、魂とのコミュニケーションがとれると、自分が本当に進みたい道が拓けてきます。

ＩＴ業界で働く男性Ｓさん（34歳）は、大学卒業後、希望する会社に就職できず、転職の末の４社目の企業。転職するたびに労働条件は落ち、残業はもちろん、休日出勤も当たり前。しかし、これ以上転職を繰り返すわけにもいかず、一生懸命働いていました。

しかし、そのうち出社時に激しい頭痛に襲われるようになり、医師からは、ストレスによるもので仕事を離れることを強く勧められたのです。

その時、Sさんの頭に「天秤」のイメージが浮かびました。天秤には、「今の仕事を続けて疲れきっている自分」と「元気な自分」が秤にかけられていて、心と体が元気でいる自分の方が何倍も重いことを悟ったそうです。

そのとたん、体が軽くなりパワーがみなぎるのを感じたと言います。

Sさんはすぐに退職手続きをとりました。すると、タイミング良く、以前から働いてみたかった企業の募集を新聞で発見し、応募。面接の日の朝方、大型客船が堂々と出航する夢を見たSさんは、見事、その企業への採用が決まりました。今はそこで能力をフルに活かし、活躍されています。

じつは、船も天秤も、魂がくれたメッセージです。

魂は、人生で一番望んでいることに早く気づくことを待っていて、「ステージクリア」を常に見守っているのです。

自浄力が働くとお金がどんどん入ってくる

強い決意こそが神様の援助を呼ぶ

お金が次々に入ってきた、知人の不思議なお話です。

不況で夫の給料が下がり、厳しい生活を強いられたIさん（37歳）。彼女は、自分たち夫婦の学歴に不満をもっていて、二人の息子は私立中学に入れたいと考えていました。周りは経済的に無理という理由から猛反対。

しかし、息子たちも一生懸命勉強をした結果、二人とも私立の中高一貫校に入学。その後、大学も見事第一志望校に合格を果たしました。

Iさんは、自浄力を身につけてからというもの、子どもたちの部活の合宿費、修学旅行費、定期代など、まとまったお金が必要になると、どこからか助けの手が現れたそうです。

それは、自治体の援助金、実家の支援などよくあるものだけでなく、払いすぎた塾の月謝が戻ってきた、マンションの上階の水漏れで火災保険がおりた、駐車場の場所を譲った謝礼など、「ありがたい偶然」の連続だったそうです。

また、欲しかったラブラドール・レトリーバーが売れてしまった、始めようと思って申し込みにいった習い事が募集終了になっていた……など一見残念な結果に思えることも、Ｉさんの夢実現に必要な「偶然」でした。

叶えたい希望が本当に望むものであり、揺るがぬ思いを持ち続けることができるなら、そこへ到達するためのエネルギーを次から次へと生み出すように神様が力を貸してくれるのです。本当に魂の喜ぶ声であるのなら、何も心配することはありません。妥協せず進み続けてください。

付録

「心のガラクタを宇宙にお返しするシート」

自浄力とは、日々生活する中で生まれたネガティブな感情を宇宙にお返しして、自動的に浄化するシステムのこと。次の2つのシートを利用して、心のガラクタになりがちなネガティブな感情を宇宙に手放してください。

シート1

ネガティブな気持ちを宇宙にお返しするシート

1. ネガティブな気持ちになった出来事を思い出し、1枚に1つの事柄を書き出しましょう。何枚書いてもけっこうです。自分の中のネガティブな感情に気づきましょう。

2. 書き終わったら「宇宙にお返しします。ありがとうございました」と唱え、鼻で深呼吸をします。息を吐き出すときに、不要な気持ちをすべて宇宙に受け取ってもらうことをイメージしてみましょう。

3. 折りたたんでゴミ箱に捨てます。気持ちがざわついたら、何度でも繰り返してください。心のガラクタをためないことがエネルギーのいい流れを作り、本当に魂が望んでいることをキャッチできることにつながります。

Sample

ネガティブな気持ちを宇宙にお返しするシート

名前　中村彩乃

○○○○年　11月　10日（　土　曜日）天気（　☼　）

書いた日の日付、天気などを記入

感じたこと

悲しかった

悔しかった

怖かった

苦しかった

○をつけたり、あてはまる気持ちを書き足したりします。

レベルに応じて「すごく」「超」などの言葉をつけましょう

理由

例）みんなでお茶をしているとき、父が亡くなったときの話になったが、Kさんに、「そんなことよりこないだYさんに会っちゃった」と話を変えられて、とても悲しくて悔しかった

感情が起こったときの状況を書きましょう。このシートでは、自分のどこがいけなかったかを反省する必要はありません。

シート2

罪悪感を宇宙にお返しするシート

1. 謝りたいことを思い出して、1枚に1つの事柄を書き出しましょう。そのときの状況と、なぜそのようなことをしてしまったのかなど、本当の気持ちをどんどん書くことで、自分だけが悪いわけではないということがわかるようになります。

2. 書き終わったら「本当にごめんなさい。宇宙にお返しします。ありがとうございました」と唱え、鼻で深呼吸をしながら、罪悪感をすべて宇宙に受け取ってもらうことをイメージしてみましょう。

3. 折りたたんでゴミ箱に捨てます。本人に謝れるのであれば、今からでも遅くはないので、直接謝るのがベストです。

Sample

罪悪感を宇宙にお返しするシート

名前　中村彩乃

○○○○年　11月　10日（　土　曜日）天気（　☼　）

書いた日の日付や
天気を記入

謝りたいこと

★だれに？　例）同期だった啓子ちゃんに

★なにを？　例）あの時、無視してごめんね。

なぜそうしてしまったのか？

・啓子ちゃんが、私が「言わないで」って言ったことを、ばらしちゃって、すごく傷ついたから

・ずっと同期で仲良くしてたから余計ショックだった

・でもずっと気になってたんだよ

罪悪感として残っている気持ちを正直に書き出します。

シート1　書き込み用

ネガティブな気持ちを宇宙にお返しするシート

名前

年　　月　　日（　　曜日）天気（　　）

感じたこと

悲しかった

悔しかった

怖かった

苦しかった

理由

罪悪感を宇宙にお返しするシート

名前

年　月　日（　　曜日）天気（　　）

謝りたいこと

★だれに？

★なにを？

なぜそうしてしまったのか？

※コピーをしたり、紙に同じように書いたりして使ってください。

神様が教えてくれた「自浄力」を高める30の大切なことリスト

☆呼吸は鼻呼吸で

♡トイレでは「いらないものを出そう」という気持ちで、
毎日いきむ習慣をつける

☾布団を神様だと感じ、
神様に包まれて眠りにつけることに感謝をする

☆不安なときこそ、笑顔を意識する

♡気が緩んだときに風邪をひいたら、
「がんばったんだね」と自分をほめてあげる

☽新鮮な水で体内を満たす

☆栄養よりも直感で食べたいものを選ぶ

♡リラックスをしたいときは、ジンジャー・ミルクティーを飲む

☽お酒は楽しい気分のときにしか飲まない

☆人前で靴をぬがない
人や物をまたがない

♡ゴシップ記事やワイドショーなどの番組は見ない

☽外のパワースポットを求めるだけでなく、
家を笑いでパワースポットにする

☆突然浮かんできた数字や歌は、意味あるものとして考える

♡シンクロニシティ（不思議な偶然）が起こったときは、
神様に感謝をする

考えてもわからないときは、神様に質問する
それでもわからないときは、神様に助けを求める

悔やんだり罪悪感を抱いたりしたときは、
「プレゼント・パーフェクト」と3回唱える

やらなければならないのに、まだできていないことがあるときは、
どんな小さな事でもすべて紙に書き出す

気になる箇所や重要事項には、黄色の蛍光ペンをどんどん使う

メールをするときはいいニュースだけ
悪いニュースは文字に残さない

返信の信は『神』。メールは神様に出すものと考え、
心をこめてすぐに返信する

どんなに地味なルールや道徳でも守る

☆魂の光を思わせる明るい色の服を着る

♡虹を構成する7色から、もっとも気になる色を取り入れて、1日をスタートする

☽傘のグレードをあげて、大切に扱う

☆心に浮かんだことは、付箋に書いて排出する

♡気を整えたい、邪気を遠ざけたい、心のガラクタをなくしたいときは、お経をあげる

☽困難から逃げずに現実を受け入れ、前向きに生きようと努力する

☆ネガティブな感情がわいたときは、「大変だったね」「つらかったね」と共感してあげる

♡こだわりを捨てて、宇宙の流れに乗る

☽運命の相手を見つけたいなら、心のガラクタを手放す

✦日下　由紀恵（くさか　ゆきえ）

「癒しのカウンセリング」を行うスピリチュアル・カウンセラー。幼い頃から霊感体質ではあったが、ある時、生の瞬間のビジョンを見せられてから急に霊感が開き、魂と肉体のあり方や魂とのコミュニケーションについて研究。風水師・高里由美子氏に師事、墓・空間風水、カラーセラピー、宗教と人の心理などについて深く学ぶ。さまざまな悩み相談を受けるうち、その評判が口コミで広がり、いつしか「癒しのカウンセリング」と呼ばれるように。さらに、**神様との会話の中で人間の持つ可能性を最大限に引き出す「自浄力」のしくみについて教示を受ける。**生霊・未成仏霊・地縛霊など、浄霊数は5万体以上。カラーアナリスト。翻訳家。オフィスインディゴ代表。

HP　http://officeindigo.com/
ブログ「オーラが輝く！　神様が教えてくれた自浄力」
http://ameblo.jp/officeindigo/

本文デザイン　浦郷和美
イラスト　鈴木みゆき（頁作工房）
書籍コーディネータ　小山睦男（インプルーブ）
編集協力　梅木里佳（チア・アップ）
編集担当　影山美奈子（永岡書店）

もう凹まない傷つかない
こころが輝く 自浄力

著者　日下由紀恵
発行者　永岡修一
発行所　株式会社永岡書店
〒176-8518　東京都練馬区豊玉上1-7-14
電話 03-3992-5155（代表）　03-3992-7191（編集）
DTP　編集室クルー
印刷　末広印刷
製本　コモンズデザイン・ネットワーク

ISBN978-4-522-43134-4　C0076